Alltagsrecht im Baubetrieb

Reihe: Bau-Rat

Dieter Görnemann

Alltagsrecht im Baubetrieb

Leitfaden für das Bauhandwerk
und für kleinere Bauunternehmen

EBERHARD BLOTTNER VERLAG

Dieses Buch erscheint in der Reihe „**Bau-Rat:**"

Die Deutsche Bibliothek – CIP-Einheitsaufnahme:

Görnemann, Dieter:
Alltagsrecht im Baubetrieb : Leitfaden für das Bauhandwerk
und für kleinere Bauunternehmen / Dieter Görnemann. –
Taunusstein : Blottner, 2002
(Reihe : Bau-Rat)
ISBN 3-89367-090-4

Das Werk, einschließlich aller seiner Teile, ist urheberrechtlich geschützt.
Jede Verwertung außerhalb der engen Grenzen des Urheberrechtsgesetzes
ist ohne Zustimmung des Verlages unzulässig und strafbar. Das gilt insbesondere für Vervielfältigungen, Übersetzungen, Mikroverfilmungen und
die Einspeicherung und Verarbeitung in elektronischen Systemen (einschließlich Internet). Verlag und Autor haften nicht für Personen-, Sach-
oder Vermögensschäden.

Herstellung: Digital- & Printmedien R. Studt, Taunusstein
Umschlaggestaltung: Britta Blottner
Foto auf dem Buchumschlag: Dipl.-Ing. Ronald Meyer, Ober-Ramstadt
(mit freundlicher Genehmigung des Autors entnommen
aus dem Buch „Das EnergieEinsparHaus")
Druck: fgb Freiburger Graphische Betriebe, Freiburg im Breisgau

© 2002, Eberhard Blottner Verlag GmbH, D-65232 Taunusstein
ISBN 3-89367-090-4 / Printed in Germany

Inhaltsverzeichnis

Vorwort		7
Abkürzungsverzeichnis		8
1.0	**Gründung eines gewerblichen Bauunternehmens und Rechtsprobleme des Betriebes**	9
1.1	Gründung eines gewerblichen Bauunternehmens	9
1.2	Handwerklicher Gewerbebetrieb	14
1.3	Anmeldung, Anträge und Anzeigen für gewerbliche Unternehmungen	15
1.4	Erteilung von Erlaubnissen bzw. Konzessionen	17
2.0	**Das Alltagsrecht eines Baubetriebes**	21
2.1	Genehmigungsverfahren zum Bauen	21
2.1.1	Die Baugenehmigung	21
2.1.2	Der Vorbescheid	23
2.1.3	Baueinstellung, Baubeseitigung, Nutzungsuntersagung	24
2.2	Verträge im Bauwesen	24
2.3	Rechtliche Anforderungen an Bauvorhaben	28
2.4	VOB/B und die Unternehmerverträge	31
2.5	Baurecht und Allgemeine Geschäftsbedingungen (AGB)	35
2.6	Wirksamkeit von Bauverträgen	38
2.7	Vertragsarten bezüglich der Vergütung	42
2.8	Pflichten bei der Baudurchführung	44
2.8.1	Auftraggeber	44
2.8.2	Die Leistungspflichten des Auftragnehmers	45
2.8.3	Geltendmachung von Gewährleistungen bzw. Nachbesserungen	49
2.8.4	Abnahme von Leistungen	51
2.9	Die Vergütung des Auftragnehmers	52
2.10	Sicherheitsleistung	57

3.0	**Buchführung und Abgaben des Bauunternehmers**	59
3.1	Allgemeine Hinweise	59
3.2	Verpflichtungen	59
3.3	Buchführung, Bilanzierung, Gewinnermittlung	61
3.3.1	Buchen und Bilanzen	61
3.3.2	Gewinn- und Verlustrechnung	64
3.4	Keine Buchführungs- und Bilanzierungspflicht	64
3.5	Betriebseinnahmen	65
3.6	Steuerarten des Unternehmers	66
3.6.1	Einkommensteuer	66
3.6.2	Lohnsteuer	69
3.6.3	Erbschaftsteuer/Schenkungsteuer	70
3.6.4	Körperschaftsteuer	71
3.6.5	Gewerbesteuer	72
3.6.6	Umsatzsteuer	73
3.7	Die Abgabenordnung	77
3.8	Finanzierungshilfen bei einer Neugründung	79
4.0	**Mustertexte für den Baubetrieb**	81
4.1	Anmeldung für ein gewerbliches Unternehmen	81
4.2	Bauvertrag nach VOB/B	83
4.3	Bauvertrag nach BGB	87
4.4	Aufforderung zur Abgabe eines Angebotes	90
4.5	Angebot	92
4.6	Auftragserteilung	93
4.7	Auftragsbestätigung	95
4.8	Antrag für die Bestimmung eines Gutachters zur Erteilung einer Fertigstellungsbescheinigung	96
4.9	Beauftragung eines Gutachters	98
4.10	Fertigstellungsbescheinigung	99
4.11	Mahnung nicht bezahlter Rechnungen	101
5.0	**Fachbegriffe aus dem Alltagsrecht im Bauwesen von A bis Z**	103
6.0	**Stichwortverzeichnis**	164

Vorwort

Reicht das vorhandene Baufachwissen für die Gründung und Erhaltung eines kleineren Bauunternehmens meist aus, so ist die Umsetzung dieser Geschäftsidee und das Betreiben des Unternehmens im Baualltag doch sehr viel schwieriger.

Der Bauunternehmer ist vielfach alleingestellt, obwohl er dringend auf weitere wichtige elementare Kenntnisse im baubetrieblichen, juristischen und betriebswirtschaftlichen Bereich zur Sicherung seiner Existenz angewiesen ist.

Dieses Buch soll dem Bauunternehmer einen Überblick über die Breite der in der Praxis erforderlichen Kenntnisse geben.

In der täglichen Arbeit gibt es oftmals nicht die Zeit, um ein Problem theoretisch zu erörtern oder darüber in aller Ausführlichkeit nachzulesen. Deshalb ist dieses Buch auch zum Nachschlagen, d.h. zur Information im Einzelfall zu empfehlen. Die große Bandbreite der Betriebswirtschaft und des Baurechts soll mit diesem Buch weder ersetzt noch kommentiert werden.

Für Bauhandwerker und angehende Meister bietet es einen Überblick, um die schwierige Entscheidung „Selbstständigkeit ja oder nein" sicherer zu machen. Es wird auch der Vorbereitung von einschlägigen Fragen an Juristen, Betriebswirtschaftler und Baufachleute dienen.

Dr. Dieter Görnemann
Bauingenieur, Rechts- und Patentanwalt

Abkürzungsverzeichnis

AFG	Arbeitsförderungsgesetz
AG	Auftraggeber
AGB	Allgemeine Geschäftsbedingungen
AN	Auftragnehmer
AO	Abgabenordnung
ARGE	Arbeitsgemeinschaft
BauG	Baugesetz
BauGB	Baugesetzbuch
BauNVO	Baunutzungsverordnung
BGB	Bürgerliches Gesetzbuch
BGBl	Bundesgesetzblatt
BStBl	Bundessteuerblatt
DIN	Deutsches Institut für Normung
eG	Eingetragene Genossenschaft
EstG	Einkommensteuergesetz
GbR	Gesellschaft bürgerlichen Rechts
GewO	Gewerbeordnung
GFZ	Geschossflächenzahl
GmbH	Gesellschaft mit beschränkter Haftung
GrEstG	Grunderwerbsteuergesetz
GRZ	Grundflächenzahl
HandwO	Handwerksordnung
HGB	Handelsgesetzbuch
HOAI	Honorarordnung für Architekten und Ingenieure
KG	Kommanditgesellschaft
KGaA	Kommanditgesellschaft auf Aktien
KapErtrSt	Kapitalertragsteuer
KLR	Kosten- und Leistungsrechnung
KSt	Körperschaftsteuer
KO	Konkursordnung
OHG	Offene Handelsgesellschaft
StVO	Straßenverkehrsordnung
UBB	Untere Bauaufsichtsbehörde
UStG	Umsatzsteuergesetz
VO	Verordnung
VOB	Verdingungsordnung für Bauleistungen
VwVfG	Verwaltungsverfahrensgesetz
ZPO	Zivilprozessordnung

1.0 Gründung eines gewerblichen Bauunternehmens und Rechtsprobleme des Betriebes

Jede selbstständige Betätigung, welche mit Gewinnerzielungsabsicht unternommen wird, ist im Sinne der Einkommen-, Körperschafts- und Gewerbesteuer ein Gewerbebetrieb.

Das Bestreben, Steuerersparnisse zu erzielen, ist keine Gewinnerzielungsabsicht und führt nicht schlechthin zum Gewerbebetrieb.

Gewerbetreibende können natürliche Personen, juristische Personen oder eine Personengesellschaft sein, wie auch Gewerbebetriebe Kapitalgesellschaften sein können. Erwerbs- und Wirtschaftsgenossenschaften sind ebenfalls Gewerbetreibende.

Die Geschäftsidee, ein Bauunternehmen – sei es auch nur mit ein oder zwei Beschäftigten – zu gründen, bedarf guter Überlegung, deren Ergebnis zu einem noch besseren Konzept führen muss.

Denn ein optimales Gründungskonzept ist auch deshalb wichtig, um Banken zum Beispiel für die Bereitstellung von Gründungskapital oder für die Vorfinanzierung von Aufträgen zu gewinnen.

1.1 Gründung eines gewerblichen Bauunternehmens

Wer selbstständig eine auf Dauer angelegte und auf Gewinn gerichtete Tätigkeit ausübt, betreibt ein Gewerbe. Die Unternehmen der Industrie, des Handels, des Handwerks und des Verkehrs sind Gewerbebetriebe. Für sie gilt die Gewerbeordnung (GewO) mit ihren ergänzenden Sondergesetzen für einzelne Gewerbezweige (Einzelhandel, Gaststätten, Handwerk, Verkehr).

Ein Gründungskonzept sollte beinhalten:
- die Darstellung der Gründerperson mit Qualifikation und Berufserfahrung,

- Beschreibung des zu gründenden Unternehmens,
- Auftragsanalyse und Beschreibungen der Spezifikationen des Unternehmens,
- die Vorteile des Standortes,
- eine Grobberechnung der Rentabilität,
- die finanzielle Ausgangssituation,
- eine Vorausplanung des Unternehmens mit Grobdaten.

Die Wege zum eigenen Unternehmen sind unterschiedlich, z.B. bei einer
- Neugründung,
- Unternehmensnachfolge durch Kauf, Pacht usw.,
- Betriebsübernahme,
- Beteiligung an einem bestehenden Unternehmen,
- Verwirklichung einer Unternehmensidee (Franchising).

Einzelunternehmer

Bei einer Neugründung sind Beziehungen zu Auftraggebern und Lieferanten aufzubauen. Wenn mehr als ein Ein-Mann-Unternehmen betrieben werden soll, müssen befähigte und vertrauenswürdige Mitarbeiter gewonnen werden.

Jede Betriebsgründung ist jedoch grundsätzlich mit einem Risiko verbunden. Dabei ist jedoch sehr positiv zu bewerten, dass Sie eigene Vorstellungen einbringen und auch selbst verwirklichen können.

Im Falle eines Kaufes oder einer anderen Art der Betriebsübernahme ist es von sehr großer Bedeutung zu wissen, ob und in welcher Bindung Auftraggeber vorhanden sind und wie der Nachweis von bereits geleisteter Qualitätsarbeit geführt werden kann.

Bei Unternehmensnachfolgen sind Schwierigkeiten nicht auszuschließen, da solche Betriebe in der Regel durch ihre Vorbesitzer inhaltlich geprägt sind. Auch vorhandene Kontakte gehen verloren und müssen neu aufgebaut werden. Es ist nicht zu übersehen, dass Umsatzrückgänge auftreten können, jedoch sind auch baldige Steigerungen denkbar, da die Anfangsaktivitäten des Erwerbers oft von Leistungsangeboten geprägt sind, die vom Markt gewünscht bzw. angenommen werden.

Mit Ausnahme von Erbschaft oder Schenkung sind bei Unternehmensübernahmen die Kosten von zwei Faktoren abhängig und zu ermitteln:

Für den ersten Faktor von besonderer Bedeutung ist der Ertragswert, der die Erwartungen für die nächsten Jahre zusammenfasst. Hierfür sind die Aussichten in der Baubranche bzw. der spezifischen Richtung des Unternehmens, die Marktgeltung des Unternehmens, die Fähigkeiten der Mitarbeiter und natürlich auch der Stamm an Auftraggebern zu ermitteln.

Der zweite Faktor ist der Substanzwert, d.h. der gegenwärtige Verkehrswert aller Vermögensgegenstände, abzüglich der Schulden und Verbindlichkeiten.

Vor Abschluss von Übernahmeverträgen sind exakte Informationen dieser Art und ergänzende Beratungen dringend erforderlich.

Bei der Gründung eines Kleinunternehmens im Baugewerbe ist zu überlegen, ob diese Gründung mit einem Partner erfolgen sollte. Das hätte den Vorteil, dass die Verantwortung und das Risiko geteilt und eventuell auch mehr Eigenkapital für das Unternehmen verfügbar wären.

Zu erwähnen ist auch noch die Möglichkeit der Gründung eines Franchise-Unternehmens. Im Bauwesen handelt es sich dabei meist um Kleinunternehmen, die sich vorrangig auf Fertighausbau ausrichten.

Handelsgesetzbuch

Gewerbetreibende, die sich als selbstständige Unternehmer (Kaufleute) betätigen, handeln nach den Vorschriften des Handelsgesetzbuches (HGB). Hiernach sind dem Kaufmann Pflichten auferlegt, von denen Nicht-Kaufleute frei sind, wie:
– einen Firmennamen zu führen,
– sich im Handelsregister eintragen zu lassen,
– Bücher zu führen und Bilanzen zu erstellen,
– eine besondere Sorgfalt zu üben,
– bestimmte Geschäftsbriefe zu beantworten,
– Mängel gekaufter Waren unverzüglich zu rügen.

Dem Kaufmann werden aber auch erweiterte Rechte eingeräumt, zum Beispiel:
– Anspruch auf Provision und höhere Zinsen,
– ein erweitertes Zurückbehaltungsrecht,
– das Recht des Selbsthilfeverkaufs,
– die Möglichkeit, sich formfrei zu verbürgen oder
– das Recht, einen Gerichtsstand zu vereinbaren.

Kaufmann kann nur sein, wer ein Gewerbe betreibt. Aber nicht jeder Gewerbetreibende ist Kaufmann. Es kommt darauf an, ob das von ihm betriebene Gewerbe nach den Vorschriften des Handelsgesetzbuches als Handelsgewerbe gilt.

Eine wichtige Entscheidung ist für das zu gründende Unternehmen, in welcher Rechtsform der Gewerbebetrieb geführt werden soll. Für bestimmte gewerbliche Tätigkeiten ist nach der Gewerbeordnung eine Gewerbeerlaubnis – auch Konzession genannt – erforderlich.

Gewerbeerlaubnis

Durch die Gewerbeerlaubnis wird dem Gewerbetreibenden das Recht verliehen, eines der in den §§ 30 ff. Gewerbeordnung genannten Gewerbe zu betreiben. Der Gewerbetreibende hat grundsätzlich einen Rechtsanspruch auf eine Gewerbeerlaubnis, soweit nicht die jeweiligen gesetzlichen Gründe eine Versagung vorsehen. Diese Ablehnungsgründe können sein:

– Unzuverlässigkeit des Antragstellers,
– Verstoß gegen die öffentliche Sicherheit und Ordnung,
– schädliche Umwelteinwirkungen des Unternehmens.

Die Erlaubnis, ein Gewerbe zu betreiben, ergibt sich aus der Gewerbefreiheit, welche bereits seit 1869 in Deutschland gewährleistet wurde und bedeutet, dass nach Abschaffung der Zünfte jedermann der Betrieb oder die Durchführung eines Gewerbes gestattet ist. Im Artikel 12 Abs. 1 des Grundgesetzes der Bundesrepublik Deutschland ist die Berufsfreiheit gegeben und damit auch das Gewerberecht eindeutig hervorgehoben.

Ein Gewerbetreibender ist ein Unternehmer und als gewerblich Selbstständiger ist anzusehen, wer nach außen im eigenen Namen und in aller Regel auch auf eigene Rechnung tätig ist.

Wahl der Rechtsform

Für die Wahl der jeweiligen Rechtsform ist die finanzielle, steuerliche und rechtliche Konsequenz abzuwägen. Neben der Beratung durch einen Steuerberater und Anwalt gibt es auch persönliche Gründe, welche Rechtsform angemessen ist. Mit der Entwicklung eines Unternehmens ändern sich die Ansprüche und gegebenenfalls auch dessen Rechtsform.

Im Falle, dass das Unternehmen allein geführt werden soll, ist die Rechtsform des Einzelunternehmers besonders für den Anfang geeignet. Die Unternehmensstrategie wird ausschließlich durch den

Einzelunternehmer bestimmt. Die Haftung erfolgt natürlich mit dem Privatvermögen des Unternehmers.

Gewerbetreibende können entweder natürliche oder juristische Personen sein.

Bei juristischen Personen kommt nur die juristische Person selbst als Gewerbetreibender in Betracht, da ihre gesetzlichen Vertreter lediglich im Namen und für Rechnung der Gesellschaft handeln. Dies ist auch der Fall für eine so genannte Ein-Mann-GmbH, selbst wenn ein einzelner Gesellschafter und Geschäftsführer dieselbe Person ist.

Gewerbeordnung

Die Gewerbeordnung (GewO) kennt drei Formen gewerblicher Tätigkeit:
- stehendes (stationäres) Gewerbe, z.B. ein Baubetrieb,
- Reisegewerbe,
- Marktverkehr.

Handwerksordnung

Das stehende Gewerbe ist nach § 14 GewO regelmäßig nur anzeigepflichtig, dagegen ist das Reisegewerbe erlaubnispflichtig. Die Handwerksordnung gilt nur für das stehende Gewerbe (§ 1 Abs. 2 der HandwO).

Gesellschaft bürgerlichen Rechts

In dem Fall, dass zwei natürliche Personen als Kleingewerbetreibende arbeiten wollen, ist die Gesellschaft des bürgerlichen Rechts (GbR) als einfache Partnerschaft zu empfehlen. Besondere Formalitäten sind nicht aufgegeben, jedoch ist ein schriftlicher Vertrag anzuraten.

Es ist kein Mindestkapital vorgeschrieben, jedoch haften die Teilhaber mit ihrem Privatvermögen.

GmbH

Ein Einzelunternehmen kann durch eine notariell beurkundete Erklärung auch in eine GmbH umgewandelt werden.

In einer Ein-Mann-GmbH sind die Vorteile des Einzelunternehmers mit denen der GmbH verbunden.

1.2 Handwerklicher Gewerbebetrieb

Es gibt keine Definition dafür, wann ein Unternehmen „handwerksmäßig" , d.h. nicht industriell, betrieben wird. Die Abgrenzung ergibt sich aus Art und Umfang industrieller Fertigungsabläufe eines Unternehmens.

Handwerksrolle

Die Handwerksrolle ist ein Verzeichnis, welches von der Handwerkskammer geführt wird und in das die selbstständigen Handwerker ihres Bezirkes mit dem von ihnen betriebenen Handwerk eingetragen sind (§ 6 HandwO). Eingetragen werden müssen auch Zweigbetriebe, sofern sie alle Merkmale eines Handwerksbetriebes umfassen. Eingetragen wird nur der Gewerbetreibende, der eine Meisterprüfung bestanden hat oder eine Ausnahmenovellierung besitzt (§§ 7, 8 und 9 HandwO). Erst die Eintragung in die Handwerksrolle ermöglicht bzw. erlaubt das Betreiben eines Handwerkes.

Sind die Voraussetzungen für eine Eintragung nicht mehr gegeben, wird die Eintragung in die Handwerksrolle auf Antrag oder von Amts wegen gelöscht (§ 13 Abs. 1 HandwO). In Ausnahmefällen kann die Ablegung der Meisterprüfung als eine unzumutbare Belastung angesehen werden, wie zum Beispiel aufgrund des Alters des Antragstellers oder wenn der Antragsteller die zur selbstständigen Ausübung des von ihm zu betreibenden Handwerks notwendigen Kenntnisse und Fähigkeiten über Jahre nachgewiesen hat (§ 8 Abs. 1 HandwO).

Die Eintragung in die Handwerksrolle wird durch eine Handwerkskarte bescheinigt.

Handwerksordnung

Im Gesetz zur Ordnung des Handwerks, neu gefasst am 28.12.1965 (BGBl. 1966 I S. 1), zuletzt geändert durch VO vom 19.03.1989 (BGBl. I S. 551), sind in einer „Anlage A" die Gewerbe verzeichnet, die als Handwerk betrieben und in der „Anlage B" sind die Gewerbe benannt, die handwerksähnlich betrieben werden können. Beide Anlagen sind bei der Handwerkskammer im Bedarfsfall einzusehen.

1.3 Anmeldung, Anträge und Anzeigen für gewerbliche Unternehmungen

Gewerbezulassungen sind nicht nur mit Überlegungen hinsichtlich des Gelingens des zugelassenen Unternehmens verbunden. Zu berücksichtigen sind unter Umständen auch weitere Ausübungsregelungen, die wiederum in verschiedenen anderen Rechtsnormen verstreut sein können.

Gewerbeordnung

Die GewO in der Fassung vom 01.01.1987 ist die Basis und es gibt gewerbliche Nebengesetze, wie zum Beispiel Handwerksordnung, Gaststättengesetz usw.

Ungeachtet der Gewerbefreiheit unterliegen Gewerbetreibende zahlreichen Zulassungsregelungen durch persönliche Erlaubnisse. Neben zahlreichen anzeigepflichtigen sind auch betriebsbezogene Genehmigungen vorgegeben, besonders baurechtlicher Art.

Für die produzierenden Baubetriebe sind das Bauplanungsrecht und das Emissionsschutzrecht von besonderer Bedeutung. Eine Vielzahl von Anlagen, welche auch in kleinen und mittleren Baubetrieben eingesetzt werden, sind genehmigungspflichtig. Dazu wird verwiesen auf die 4. Bundes-Emissionsschutzverordnung, die seit dem 01.11.1985 für annähernd 200 Anlagen Gültigkeit hat. Auch Betriebe von bestehenden Anlagen haben den darin vorgegebenen besonderen Anforderungen zu entsprechen.

§ 14 der GewO untergliedert die Anzeigen in
- Beginn (Formular Gewerbe-Anmeldung; Anlage 1),
- Veränderung (Formular Gewerbe-Ummeldung; Anlage 2),
- Beendigung(Formular Gewerbe-Abmeldung, Anlage 3).

Gewerbeanmeldung

Mit Beginn des Betriebes ist die Anzeige als Gewerbeanmeldung vorzunehmen. Die Unterlassung der Anzeige kann als eine Ordnungswidrigkeit ein Bußgeld bis zu 1.000,00 € (3 146 Abs. 2 Nr. 1 Abs. 3 GewO) nach sich ziehen. In derartigen Fällen kann auch nach § 1 Abs. 1 Nr. 2 Abs. 2 des Gesetzes zur Bekämpfung der Schwarzarbeit ein Bußgeld bis zu 25.000,00 € verhängt werden.

Die Gewerbetreibenden sind anzeigepflichtig. Bei Personengesellschaften, wie BGB-Gesellschaften, OHG, KG, sind die geschäftsführenden Gesellschafter als Gewerbetreibende zu bezeichnen und es obliegt ihnen daher, die Anzeige vorzunehmen.

1.0 Gründung eines gewerblichen Bauunternehmens

Gewerbeanzeigen

Bei juristischen Personen (GmbH) müssen die Anzeige deren gesetzliche Vertreter (zum Beispiel Geschäftsführer) vornehmen.

Die Anzeigen sind nicht formlos vorzunehmen, sondern wie oben bereits erwähnt, müssen Vordrucke verwandt werden. Diese sind bei den Verwaltungen der Städte und Gemeinden erhältlich.

Die Anzeigenden haben sich auszuweisen, und zwar durch Personalausweis oder Reisepass, zwecks Überprüfung ihrer Personenangaben. Bei Bevollmächtigung ist eine schriftliche Vollmacht vorzulegen.

In den Fällen, in denen Firmen bereits eingetragen sind, wie im Handels- bzw. Genossenschaftsregister, ist hierüber ein Auszug beizufügen.

Bei juristischen Personen, zum Beispiel einer GmbH, setzt die Gründung die Abschrift eines notariellen Gründungsvertrages voraus: Die Vollmacht der Gründer zum Gewerbebeginn ist vorzulegen, und zwar vor der Eintragung in das Handelsregister.

Die Formulare werden von den Behörden ausgegeben, bei denen auch die Gewerbeanzeigen erfolgen müssen. In einer Gemeinde z.B. vom zuständigen Gewerbesachbearbeiter oder bei den Bezirksämtern von einem Gewerbereferenten. Die Gewerbeämter in den Städten sind nicht zu verwechseln mit den so genannten Gewerbeaufsichtsämtern, die für die öffentliche Ordnung im Gewerbebereich der Stadt zu sorgen haben.

Beim Umzug eines Gewerbeunternehmens ist eine Gewerbeabmeldung bei der bisherigen Gemeinde und eine Gewerbeanmeldung bei der neuen Gemeinde abzugeben. Die jeweils zuständige Behörde bescheinigt meist innerhalb von etwa drei Tagen den Empfang der Anzeige nach § 15 Abs. 1 GewO. Diese Bescheinigung läuft unter dem Begriff „Gewerbeschein".

Nachdem die Eintragung im Gewerberegister vorgenommen wurde, benachrichtigt die Behörde alle weiteren betroffenen Stellen über diesen Vorgang, z.B.:
– Statistisches Landesamt,
– Finanzamt,
– Gewerbeaufsicht,
– Industrie- und Handelskammer,

- Handwerkskammer,
- Eichamt,
- Registergericht,
- Landesverbände der Berufsgenossenschaften, und gegebenenfalls auch das
- Gewerbeaufsichtsamt.

Weitere Anzeigepflichten und Erlaubnisse sind unabhängig von der Gewerbeanzeige vorzunehmen. Beim Beginn der Ausführung eines Handwerks ist die Gewerbeanzeige allein nicht ausreichend.

Es gibt weitere Verpflichtungen:
Die sozialversicherungspflichtigen Mitarbeiter sind bei der AOK, Betriebs- oder Innungskrankenkasse anzumelden. Es wird Bezug genommen auf das Gesetz zur Einführung eines Sozialversicherungsausweises vom 06.10.1989 (BGBl. I S. 1822). Die Meldepflicht bewirkt ab 01.07.1991, dass für Mitarbeiter, die bei Beschäftigungsaufnahme innerhalb von drei Tagen ihren Sozialversicherungsausweis nicht vorlegen, eine Kontrollmeldung an die zuständige Krankenkasse erfolgt.

Berufsgenossenschaft Eine weitere Anmeldeverpflichtung besteht bei der Berufsgenossenschaft für die beschäftigten Arbeitnehmer bzw. für den Unternehmer selbst. Diese Berufsgenossenschaften sind Träger der gesetzlichen Unfallversicherung.

Es bestehen auch steuerliche Anzeigepflichten und in der Regel werden diese über die Gewerbeämter vorgenommen. Jedoch ist zu empfehlen, dass der Gewerbetreibende sich selbst rechtzeitig beim
Finanzamt Finanzamt um die Zuteilung einer Steuernummer bemüht.

Bei einem Vollkaufmännischen-Unternehmen muss der Gewerbetreibende die Firma bei dem für den Sitz des Unternehmens zuständigen
Registergericht digen Amtsgericht – Registergericht – eintragen lassen. Diese Anmeldung ist notariell zu beglaubigen.

1.4 Erteilung von Erlaubnissen bzw. Konzessionen

Grundsätzlich herrscht in Deutschland Gewerbefreiheit, das heißt, jeder kann jedes Gewerbe frei ausüben und braucht hierfür keine behördliche Genehmigung.

Es gibt aber eine Vielzahl von Ausnahmen, und zwar in den Fällen, bei denen ein besonderes öffentliches Interesse besteht und eine Kontrolle auszuüben ist. Eine große Gruppe von erlaubnispflichtigen Gewerben stellt das Handwerk dar.

Handwerksrolle

In der „Anlage A" zur Handwerksordnung sind viele Berufe zum Handwerk erklärt worden: Diese Berufe dürfen nur selbstständig ausgeführt werden, wenn der Inhaber oder der Betriebsleiter in der Handwerksrolle eingetragen ist.

Vor Beginn einer gewerblichen Tätigkeit sind darüber Informationen einzuholen, inwieweit es sich hierbei um ein Handwerk handelt. Die Auskunft gibt die örtliche Handwerkskammer oder auch die Industrie- und Handelskammer.

Meisterprüfung

In der Regel werden in die Handwerksrolle nur eingetragen, wer in dem betreffenden Handwerk die Meisterprüfung mit Erfolg bestanden hat. Es gibt hier jedoch einige Ausnahmen, und zwar in den Fällen, in denen eine gleichwertige Ausbildung vorliegt oder die erforderlichen Kenntnisse und Fertigkeiten nachgewiesen werden. Dann kann ausnahmsweise eine Eintragung in die Handwerksrolle erfolgen. Es werden auch Bewerber eingetragen, die einen entsprechenden gleichwertigen Abschluss im EG-Ausland vorweisen können.

Die Berechtigung, in der ehemaligen DDR einen Handwerksbetrieb selbstständig zu führen, bleibt gewöhnlich auch für das gesamte Bundesgebiet bestehen. Der Meistertitel ist jedoch weiterhin Voraussetzung für eine Eintragung in die Handwerksrolle.

In den Fällen, in denen ein Handwerk in Form einer GmbH betrieben wird, reicht es aus, dass der Betriebsleiter – gegebenenfalls auch ein Angestellter – in die Handwerksrolle eingetragen wird. Auch in den Fällen der Gesellschaft des bürgerlichen Rechts (GbR) ist es ausreichend, wenn einer der Gesellschafter in der Handwerksrolle eingetragen ist.

Es soll gewährleistet sein, dass für die ordnungsgemäße Ausübung des Handwerks und des Betriebsablaufes eine Person dem Handwerksunternehmen vorsteht, welche die nötigen Fachkenntnisse besitzt. Es ist deshalb nicht ausreichend, wenn zum Beispiel ein Meister aus einem völlig anderen Handwerk angestellt wird.

Auch ein Leiter, der nur auf dem Papier genannt ist und nicht in das Betriebsgeschehen einbezogen ist, findet keine Billigung der Handwerkskammer.

Die Meisterprüfung aus einem verwandten Handwerk, wie zum Beispiel Zimmermann oder Maurer, ist ausreichend. Welches Handwerk als „verwandt" anzusehen ist, hat die Handwerksordnung in einer besonderen Liste erfasst. Hierüber sollte auch stets die Handwerkskammer befragt werden.

In den Fällen, in denen das Handwerk nur als Nebenbetrieb ausgeübt wird, kann die Eintragung unterbleiben.

Außerhalb des Handwerks gibt es diese weiteren erlaubnispflichtigen Gewerbe:

- Personenbeförderung,
- Bus- und Taxi-Unternehmen,
- Güterfernverkehr,
- Waffenherstellung und -handel,
- Gaststätten,
- Makler,
- Baubetreuer,
- Bauträger,
- Versteigerer,
- Bewachungsgewerbe,
- Pfandleiher,
- Betreibung von Spielhallen,
- Spielgeräteaufsteller,
- Spielbanken,
- Krankenanstalten,
- Lagerung, Benutzung und Beförderung explosiver Stoffe,
- Herstellung von Arzneimitteln,
- Handel mit Tieren,
- Bankgeschäfte.

Auch diese Gewerbe bedürfen stets der Erlaubnis der zuständigen Gewerbeämter.

Die Behörde überprüft je nach Antrag die persönliche Zuverlässigkeit. Hier genügt es in der Regel, ein Polizeidienstführungszeugnis vorzulegen. Bei entsprechenden Eintragungen, wie Vorstrafen, kann die Erlaubnis versagt werden.

In den Fällen, in denen ein Gewerbe eine wirtschaftliche Leistungsfähigkeit des Betriebes voraussetzt, muss der Betriebsgründer gegebenenfalls seine geordneten wirtschaftlichen Verhältnisse vorweisen. Hierüber kann die Auskunft über ein entsprechendes Betriebskapital angeordnet werden.

Eignungsnachweise

Erforderlich ist auch gegebenenfalls der Nachweis der fachlichen Eignung des Unternehmers und das Vorhandensein von Betriebsmitteln, insbesondere von Räumlichkeiten und Maschinen. Beispiel: Kraftfahrzeugreparaturwerkstätten, in denen Betriebssicherheit und Umwelterfordernisse erfüllt sein müssen.

Das geplante Gewerbe setzt unter Umständen auch voraus, dass die Zulässigkeit des Betriebes dem Bebauungsplan entspricht. Sogar die Beschaffenheit von Räumen, z.B. deren ausreichende Belüftung und Beleuchtung, können begutachtet werden

Gewerbeanmeldung

Voraussetzung für das Betreiben eines selbstständigen Gewerbes ist dessen Anzeige beim zuständigen Gewerbeamt. Diese Anzeigepflicht gilt für jedes erlaubnisfreie Gewerbe.

Kein Gewerbe – und daher auch nicht anzeigepflichtig – sind freie Berufe, wie z.B. Architekten, Ärzte, Rechtsanwälte, Notare.

Eine Gewerbeanmeldung kostet eine Verwaltungsgebühr in Höhe von etwa 15,00 €.

In der Regel gibt das Gewerbeamt die Betriebsgründung auch an alle weiteren interessierten Behörden, auch an das bundesweite Gewerbezentralregister, weiter. Das Gewerbeamt führt das örtliche Gewerberegister.

2.0 Das Alltagsrecht eines Baubetriebes

2.1 Genehmigungsverfahren zum Bauen

Bauaufsichtsbehörde

2.1.1 Die Baugenehmigung

Für die Erteilung einer Baugenehmigung ist stets die „Untere Bauaufsichtsbehörde" zuständig. Bauaufsichtsbehörden gibt es bei den Landkreisen, kreisfreien Städten und großen Kreisstädten. Die kreisangehörigen Gemeinden sind nicht „Untere Bauaufsichtsbehörde".

Eine rechtsverbindliche Zusage kann daher nur von der zuständigen Genehmigungsbehörde ergehen und nicht von einem Bürgermeister einer Gemeinde.

Bebauungsplan

Nicht verwechselt werden darf, dass der Gemeinderat für einen Bebauungsplan zuständig ist, die Gemeinde ist jedoch nicht befugt, das Grundstück baureif zu machen, da dies in der Zuständigkeit einer Bauaufsichtsbehörde liegt.

Die „Unteren Bauaufsichtsbehörden" werden in der Verwaltungsarbeit von den höheren kontrolliert. Diese Obliegenheiten und der Aufbau ist in den Bundesländern unterschiedlich.

Baugenehmigung

In dem Bemühen, die Aufsichtsbehörden zu entlasten, ist das Baugenehmigungsverfahren teils einfacher geworden und es gibt auch genehmigungsfreie Bauvorhaben.

Die genehmigungsfreien Vorhaben wurde bislang benannt mit „unbedeutende bauliche Anlagen" und sind in den Ländern einzeln aufgeführt und detailliert beschrieben.

Problematisch sind Grenzbebauungen. Hier ist anzuraten, auch bei kleineren Baumaßnahmen Auskünfte, gegebenenfalls beim Katasteramt, einzuholen.

Baugenehmigungen sind bei Instandsetzungs- und Instandhaltungsarbeiten nicht erforderlich. Dazu gehören auch das Auswechseln schadhafter Bauteile oder das Beseitigen von Mängeln oder Schäden. Bei derartigen Maßnahmen ist die Schwelle für das Einholen von Baugenehmigungen dann überschritten, wie bei der Beseitigung oder dem Durchbrechen tragender Wände, d. h. wenn statische Gegebenheiten verändert oder aufgehoben werden.

Die Ausnahmen oder Befreiungen von Baugenehmigungen nach § 31 BauG sind in den Ländern unterschiedlich geregelt. So ist z.B. nach Artikel 70 der Bayerischen Bauordnung keine Genehmigung mehr erforderlich bei der Errichtung oder Änderung von Wohngebäuden mit geringer Höhe, wenn diese Vorhaben den Festlegungen eines Bebauungsplanes oder eines Erschließungsplanes entsprechen. In diesen Fällen darf der Fußboden keines Geschosses mehr als 7 m über der Geländeoberfläche liegen. Für solche Bauvorhaben wird in einigen Bundesländern ein Anzeigeverfahren durchgeführt. Dies setzt voraus, dass bereits im Wege eines Vorbescheidsverfahrens die Baumaßnahme überprüft und genehmigt wird.

Das so genannte „Anzeige– oder Freistellungsverfahren" beinhaltet, dass bei einer einzureichenden Bauanzeige bei der „Unteren Bauaufsichtsbehörde" oder auch bei einer Gemeinde vorzulegen sind:

– ein amtlicher Lageplan,
– Bauzeichnungen, mindestens im Maßstab 1 : 100,
– Bestätigung der Kommune, dass die Erschließung gegeben ist.

Baubeginn

Auch bei dem Beginn der Ausführung des Vorhabens gibt es unterschiedliche Zeiten. Im Land Sachsen z. B. darf zwei Wochen nach dem Eingang der Anzeige bei der Bauaufsichtsbehörde bereits begonnen werden, wenn die Bauaufsichtsbehörde dem Baubeginn nicht widersprochen hat.

Im vereinfachten Genehmigungsverfahren prüft die Bauaufsichtsbehörde die Zulässigkeit von Bauvorhaben (§§ 30 ff. BauGB) in Übereinstimmung mit der Bebaubarkeit des Grundstücks einschließlich der Zugangs- und Zufahrtsmöglichkeiten.

Weiter werden geprüft: die Einhaltung der vorgeschriebenen Abstandsflächen, die Baugestaltung und die Übereinstimmung mit den Vorschriften über Garagen und Stellplätze.

In jedem Bundesland gibt es Verzeichnisse über einfache bauliche Anlagen. Diese Nachweise sind Voraussetzung für die Anwendung eines vereinfachten Baugenehmigungsverfahrens.

Die Baugenehmigung wird nicht personenbezogen, sondern ausschließlich für das Grundstück erteilt.

2.1.2 Der Vorbescheid

In den Fällen, in denen eine Baugenehmigung vorgeschrieben ist, müssen alle für die Beurteilung des Bauvorhabens und die Bearbeitung des Bauantrages erforderlichen Unterlagen für eine Baugenehmigung eingereicht werden.

Die Beantragung eines Vorbescheides erfolgt, um die Grundfrage zu klären, inwieweit ein Grundstück bebaut werden kann und ob das Vorhaben bauplanungsrechtlich zulässig ist.

Bauantrag

Vor Einreichung des Bauantrages kann auf schriftlichen Antrag des Bauherrn oder des beauftragten Architekten zu einzelnen Fragen des Bauvorhabens ein Vorbescheid in Schriftform erteilt werden. Im Ergebnis eines schriftlichen Vorbescheides ist die Behörde gebunden.

In den Fällen, in denen durch Vorbescheid Feststellungen getroffen sind, können diese im Zuge der Entscheidung über die Baugenehmigung ausgeklammert werden. Mit diesem Vorbescheid können bereits künftige Einzelprobleme des nachfolgenden Baugenehmigungsverfahrens verbindlich geklärt werden.

Im Vorbescheidsantrag sollten nicht nur allgemeine Fragen, wie die Geschosshöhen, gestellt werden. Es ist zu empfehlen, z. B. einen Lageplan mit dem eingezeichneten vermassten Grundriss und gegebenenfalls auch mit einer Ansicht oder einem Schnitt einzureichen.

Bauflächen

Durch einen detaillierten Vorbescheid ist die Genehmigungsbehörde für das nachfolgende Baugenehmigungsverfahren gebunden und auch Bebauungsplanänderungen der Gemeinde können daran nichts mehr ändern.

Die Bindungsfrist für eine Baugenehmigung wie aber auch für einen Vorbescheid ist unterschiedlich, jedoch in allen Bundesländern gilt zumindest für einen Vorbescheid eine Frist von drei Jahren.

Durch einen Antrag kann für einen Vorbescheid oder auch für eine Baugenehmigung die Gültigkeit verlängert werden.

2.1.3 Baueinstellung, Baubeseitigung

Nutzungsuntersagung

Die Bauaufsichtsbehörden können mittels Bauordnungen und auf Grund ihrer Befugnisse gegen rechtswidrige Baumaßnahmen vorgehen und die Baueinstellung sowie bei vollendeten Baumaßnahmen deren Beseitigung verfügen. Die teilweise oder die vollständige Beseitigung einer baulichen Anlage durch die Behörde kann angeordnet werden.

Eine Kann-Vorschrift lässt Ermessensraum zu. Im Vordergrund steht stets das öffentliche Interesse, gesetzwidrige Zustände zu beseitigen und gleiches Recht für alle zu dokumentieren. Nach diesem Grundsatz der Verhältnismäßigkeit kann aber auch auf die Anordnung der Beseitigung eines Gebäudes oder einer Baumaßnahme durch die Behörde verzichtet werden.

Zum Bauordnungsrecht gehören die Bauordnungen, die aus Gründen der öffentlichen Sicherheit und Ordnung ergangen sind.

Hierzu gehören Zugänge und Zufahrten auf den Grundstücken, Baulasten und -verzeichnisse. Das sind solche öffentlich-rechtlichen Verpflichtungen, wie den Nachbarn z. B. über das Grundstück fahren zu lassen. Eine solche Baulast bedarf der Schriftform, muss öffentlich beglaubigt und im Baulastenverzeichnis eingetragen sein. Zu diesem Komplex gehört auch, dass neben ausreichenden Zufahrten auch Fahrzeuge auf dem Grundstück abgestellt werden dürfen.

Das Bauordnungsrecht regelt auch die Abstandsflächen. Diese sind nicht auf das Nachbargebäude bezogen, sondern auf das Nachbargrundstück.

2.2 Verträge im Bauwesen

Bauvertrag

Voraussetzung für die erfolgreiche Tätigkeit eines Bauunternehmers sind effektive Auftragserteilungen und überlegte Auftragsannahmen. Auch diese Verträge unterliegen dem allgemeinen Grundsatz der Vertragsfreiheit. Darin eingeschlossen ist, dass die Auftraggeber ihre eigenen Interessen vorrangig und zeitig zur Geltung bringen.

In der heutigen Zeit hat der Bauherr aufgrund geringer Baumaßnahmen eine gute Verhandlungsposition und er kann seine Vorstellungen bei Vertragsverhandlungen besser zur Geltung bringen und durchsetzen, als der Bauunternehmer selbst.

Verträge, gleich welchen Inhalts, sollten vor Abschluss eingehend gelesen und gegebenenfalls der Rat eines erfahrenen Anwalts eingeholt werden.

Es muss auch darauf aufmerksam gemacht werden, dass trotz klarer mündlicher Absprachen im Vertragsentwurf oft noch inhaltliche Veränderungen vorgenommen werden. Oder es werden vom Bauherrn besondere Vertragsbedingungen nachgeschoben, um z.B. nicht vereinbarte Aufrechnungsverbote in den Vertrag einzubringen.

Ein schriftlicher Bauvertrag sollte in jedem Fall abgeschlossen werden, auch wenn die Bausumme noch so klein ist. In allen Verträgen sollte immer zum Ausdruck kommen, dass Nebenabreden nicht getroffen sind. Mündliche Abreden – auch im Besein von anderen Personen mit dem Hintergedanken, es stehen ja Zeugen zur Verfügung – sind dennoch schwer nachzuweisen und sollten im Baurecht nicht angewandt werden.

Grundsätzlich ist die Schriftform nicht vorgeschrieben, jedoch sollte sie stets gewählt werden, um Beweisschwierigkeiten von vornherein aus dem Wege zu räumen. Zwischen Bauherr und Unternehmer gilt natürlich der Grundsatz der Vertragsfreiheit in den Grenzen von Treu und Glauben nach § 242 BGB. Gleichwohl ist der Bauvertrag formfrei.

Arbeitsgemeinschaft (ARGE)

Zwischen den auf der Baustelle arbeitenden Bauhandwerkern bestehen in der Regel keine Rechtsbeziehungen, es sei denn bei so genannten Arbeitsgemeinschaften (ARGE). Die in einer solchen Gemeinschaft einbezogenen Unternehmer treffen eine in sich geschlossene Vereinbarung, während der Bauherr weiterhin nur mit einem unmittelbaren Vertragspartner, seinem Auftragnehmer, zu tun hat.

Der Bauherr hat das Recht zu wissen, wer für ihn die vereinbarte Bauleistung erbringt: Kann der Bauhandwerker die Arbeiten schon aus fachspezifischer Sicht nicht selbst erbringen, so kann er sie zwar durch einen Subunternehmer vertraglich ausführen lassen, aber es bedarf stets der Einwilligung des Bauherren.

Der Bauvertrag selbst ist in seiner Natur ein Werkvertrag im Sinne des § 631 BGB. Vereinbaren der Bauherr und der Bauunternehmer nicht die Heranziehung der „Verdingungsordnung für Bauleistungen" (VOB), regeln sich ihre Rechtsbeziehungen ausschließlich nach den Bestimmungen des BGB, siehe dort unter „Werkvertrag". Dort wird der Grundsatz vorangestellt, dass der Unternehmer sich gemäß § 631 Abs. 1 BGB durch den Bauvertrag verpflichtet hat, das versprochene Werk herzustellen, während der Bauherr als Besteller des Werkes sich zur Entrichtung der vereinbarten Vergütung verpflichtet ist.

„Der Bauunternehmer hat in vielen Fällen auch die vertragliche Verpflichtung zu übernehmen, an einem bestimmten Tage oder in einer vertragliche bestimmten Zeit mit den Bauarbeiten zu beginnen.

Neben Vertragsstrafen, welche gegen den Bauunternehmer aus dem Vertrag zur Anwendung kommen, wonach die Erfüllung der vertraglichen Bauleistung innerhalb einer vertraglich bestimmten Frist zu erbringen ist, kann es weitere Sanktionen gegen den Bauunternehmer geben und bei schuldhaft verzögerter Bauausführung kann der Bauherr auch Schadensersatz verlangen. Darüber hinaus kann der Bauherr gemäß § 636 Abs. 1 BGB bei nicht rechtzeitiger Herstellung des Bauwerkes vom Vertrag zurücktreten und dem Bauunternehmer eine angemessene Nachfrist setzen sowie nach Ablauf der Frist aus dem Vertrag ausscheiden.

Bauleistungen

In Verträgen zwischen Auftraggebern und Auftragnehmern sollten die Leistungen sowohl nach ihrer Art als auch nach ihrem Umfang präzise beschrieben und vereinbart sein (§ 631 BGB).

Als Umfang der Unternehmertätigkeit setzt der § 633 BGB voraus, dass der Unternehmer verpflichtet ist, das Werk so herzustellen, dass es die zugesicherten Eigenschaften hat und dass es nicht mit Fehlern behaftet ist, die den Wert und die Tauglichkeit zu dem gewöhnlichen oder nach dem Vertrag vorausgesetzten Gebrauch aufheben oder mindern.

DIN-Vorschriften

Die Leistungen des Unternehmers müssen zum Zeitpunkt der Abnahme den „Anerkannten Regeln der Technik" entsprechen.

Nicht nur das handwerkliche Können ist ausschlaggebend für die Anerkennung, nach den Regeln der Baukunst gearbeitet zu haben, sondern auch – und das ist oft schwieriger –, dass in das Werk auch das dafür geeignete Baumaterial vereinbarungsgemäß eingebracht wurde.

Was jeweils den Regeln der Baukunst entspricht, muss im Einzelfall beantwortet werden. Der Begriff der „Allgemein anerkannten Regeln der Baukunst" reicht über die enger gefassten „Allgemeinen Technischen Vorschriften", z. B. die DIN-Normen, hinaus.

VOB 2000

Die „Verdingungsordnung für Bauleistungen, Teil B" (VOB/B) ist dann eine Vertragsgrundlage, wenn die Vertragsparteien dies ausdrücklich vereinbaren. Die VOB ist kein Gesetz und keine Verordnung, sondern Vertragsrecht. Beide Parteien – Auftraggeber wie Auftragnehmer – müssen sich darin einig sein, dass die Bauausführung auf der Grundlage der VOB/B erfolgen soll. Wird die VOB/B nicht vereinbart, gilt ausschließlich das „Bürgerliche Gesetzbuch" (BGB).

Die Vereinbarung, die VOB/B als Vertragsgrundlage anerkannt zu haben, bedarf keiner Form. Jedoch besteht nicht in jedem Einzelfall Klarheit darüber, in welchem Umfang sie vereinbart worden ist. Da sie oftmals dem Bauherrn nicht bekannt ist, hat der Bauunternehmer dem Vertragspartner den Text dieser Norm zur Kenntnis zu geben. Ein bloßer Hinweis auf die VOB reicht nicht aus.

Die VOB beinhaltet nur die wichtigen Rechtsbeziehungen zwischen Auftraggeber und Bauunternehmer und gilt daher nicht für Beziehungen eines Bauherrn zu seinem Architekten oder zu den Sonderfachleuten, wie z.B. zum Statiker. Diese Arbeiten von Architekten oder Ingenieuren sind keine „Bauleistungen" im Sinne der VOB/B. Auch Planungsarbeiten sind ausgeschlossen.

Die Verdingungsordnung für Bauleistungen (VOB) gliedert sich in drei Teile:

Teil A
enthält die „Allgemeinen Bestimmungen für die Vergabe von Bauleistungen". Diese Vorschriften geben Richtlinien und Empfehlungen für die Bauvergabe und die Bauvertragsgestaltung. Vorrangig für öffentliche Auftraggeber.

Teil B
beinhaltet die „Allgemeinen Vertragsbedingungen für die Ausführung von Bauleistungen". Darin werden die Rechtsbeziehungen der Beteiligten nach Abschluss des Bauvertrages geregelt.

Teil C
der VOB beinhaltet die „Allgemeinen technischen Vorschriften für Bauleistungen", die zugleich als DIN-Vorschriften (Normen) gelten. Darin werden für die einzelnen Gewerke die bautechnischen Ausführungen vorgegeben.

2.3 Rechtliche Anforderungen an Bauvorhaben

Ein Bauvorhaben, d.h. die Errichtung, Änderung oder der Abriss von baulichen Anlagen, basiert auf bauhandwerklichen oder bauindustriellen Maßnahmen. Das Gesamtgeschehen als Bauablauf umfasst die Erstellung eines Bauwerks von der Grundlagenermittlung bis zur Abnahme des Bauwerks.

Bauzeitenplan

Während des Bauablaufes ist dessen Kontrolle (Bauüberwachung) anzuraten. Diese setzt voraus, dass nach einem Bauzeitenplan der geplante Bauablauf eingehalten wird. Bei der Bauausführung sollten die Baustellenberichte und entsprechende Soll-Ist-Vergleiche, auch bei den Kalkulationen, laufend ausgewertet werden.

Arbeitsvorbereitung

Die Arbeitsvorbereitung sollte sehr gewissenhaft erfolgen. Dazu zählen die festgestellte Vollständigkeit aller Unterlagen, die Festlegung der erforderlichen Arbeitskräfte, Baugeräte und Baustoffe in Qualität und Menge zum bestimmten Zeitpunkt und für den jeweiligen Ort. Auch bei kleinen Unternehmen bzw. Baustellen ist diese Bauleitungstätigkeit unabdingbar. Die Einhaltung der zu beachtenden Vorschriften ist zu überprüfen.

Zusammenzufassen und zu ordnen sind:
– Bauverträge,
– Leistungsverzeichnisse,
– Angebote und Aufträge,
– Kalkulationen,
– gegebenenfalls Gutachten mit Zustimmungen,
– Genehmigungen und Auflagen,
– Schriftverkehr mit dem Auftraggeber und mit eventuellen Nachunternehmern.

Die jeweiligen örtlichen Baustellenverhältnisse sind je nach Baumaßnahme zu bestimmen, und zwar für Zufahrten, Telefon-, Wasser- und Stromanschlussmöglichkeiten sowie für die geeigneten Standorte der einzelnen Baustelleneinrichtungen.

Kalkulation

Bei kleinen Unternehmen ist es sinnvoll, neben den Einzel-Kalkulationen eine Bestimmung der Gesamt- oder Einheitskosten des Gesamtauftrages vorzunehmen, wie z. B.:
– Wahl der Baustoffe,
– Bedingungen des Unternehmens,
– Finanzierungsgrundlagen,
– Bauzeitanforderungen.

Baustelle

Auch im Baunebengewerbe sind Baustelleneinrichtungen oftmals notwendig und sollen daher geplant werden.

Einfluss auf eine Baustelleneinrichtung haben:
– räumliche Faktoren,
– Örtlichkeiten,
– Besonderheiten der Vorhaben,
– fertigungstechnische Bedingungen,
– fördertechnische Faktoren,
– Bauzeiten als End- und Zwischentermine und Gesamtausführungszeiträume.

Zu prüfen ist, welche Kapazitäten erforderlich sind, um die vertraglich bestimmten Termine einzuhalten und welche Bauzeiten mit den verfügbaren bzw. vertraglich bestimmten Bauverfahren zu erzielen sind.

Bei der Arbeitskräfteplanung muss exakt ermittelt werden:
– Art der Arbeiten, z.B. benötigtes Fachpersonal,
– Einsatzkontinuität,
– mögliche Anwendung von Lohnformen,
– gegebene Leistungsausfälle durch Witterung.

Bei der Baustoffermittlung ist stets zu prüfen, ob eine Herstellung oder Bearbeitung auf der Baustelle erforderlich oder möglich ist. In der Regel sollen Baustoffe bzw. sonstige Baumaterialien nur mit Kurzzeiten zwischengelagert oder besser sofort verarbeitet werden. Entsprechende Abruflisten sind zu erstellen, um die mengenmäßigen und zeitlich richtigen Lieferungen sicherstellen.

Je nach Schwierigkeit und Komplexität des Vorhabens sind die Bauablaufpläne zu erarbeiten und diese können unterschieden werden in
- Bauphasenpläne,
- Terminlisten,
- Balkendiagramme,
- Netzpläne bei komplexen Bauvorhaben.
- Auswirkungen unerwarteter Maßnahmen auf Termine und Kapazitäten.

Baubeteiligte und ihre vertraglichen Beziehungen

Bauherr

Der Bauherr ist im privaten Baurecht entweder Besteller – beim Werkvertrag nach den §§ 631 BGB – oder, falls VOB vereinbart worden ist, Auftraggeber.

Bauträger

Gewerbsmäßig wird durch einen Bauträger auf einem ihm gehörenden Grundstück ein Bau – entweder verrichtet er ihn selbst oder im Auftrag – durchgeführt. In der Regel wird die Bebauung schlüsselfertig zu einem Festpreis an Dritte verkauft.

Der Erwerber schließt mit dem Bauträger einen Vertrag auf Geschäftsbesorgung in Form eines Werkvertrages ab. Es wird verwiesen auf die §§ 631 ff. und 675 BGB.

Baubetreuer

Ein weiterer wichtiger Beteiligter im Bauwesen kann ein Baubetreuer sein. Dieser lässt für einen Bauherrn auf dessen Rechnung und mit dessen Vollmacht, oft auch mit dessen Namen, ein Bauvorhaben ausführen.

Der Baubetreuer kann auch in Teilabschnitten für den Bauherrn tätig sein, und zwar hat er die Planungs-, Organisations- und Überwachungspflichten durchzuführen. Diese sind nach dem Dienstvertragsrecht §§ 611 ff. BGB zu regeln. Häufiger ist die Tätigkeit des Baubetreuers in der Verantwortung der Planung, Leitung und Abwicklung des Bauvorhabens. Dafür wird ein Werkvertrag abgeschlossen.

Weitere Beteiligte können sein:

Generalunternehmer

Der Generalunternehmer ist in der Regel Auftragnehmer und er beauftragt weitere Subunternehmer für Teile der zu erbringenden Bauleistungen.

Generalübernehmer

Der Generalübernehmer ist Auftraggeber. Er lässt sämtliche Bauleistungen durch Nachunternehmer ausführen und diese verrichten die Tätigkeit ausschließlich für den Bauherrn. Es liegt hier ein Geschäftsbesorgungsvertrag mit dem Charakter eines Werkvertrages vor.

Die Arbeitsgemeinschaft (ARGE) ist in der Praxis sehr verbreitet. Sie entsteht, indem sich mehrere Unternehmer zusammentun und dem Bauherrn gemeinsam eine ausgeschriebene Leistung anbieten.

Arbeitsgemeinschaft

Die Arbeitsgemeinschaften sind rechtlich „Gesellschaften bürgerlichen Rechts" (GbR). Sie haften gesamtschuldnerisch gegenüber dem Bauherrn für die Erbringung der Bauleistung. Auch dann, wenn ein Partner – aus welchen Gründen auch immer (am häufigsten durch Konkurs) – ausfällt, bleiben die übrigen Mitglieder der Arbeitsgemeinschaft gegenüber dem Bauherrn in der Pflicht und Haftung.

Subunternehmer

Auch Subunternehmer können sich für Einzelgewerke zu einer Arbeitsgemeinschaft unter den gleichen Gesichtspunkten zusammenschließen. Sie sind nur nachgeordnete Vertragspartner des General- oder Hauptunternehmers und stehen in keinem Vertragsverhältnis zu dem Bauherrn.

Die wechselseitigen Verpflichtungen bestehen ausschließlich zwischen dem Unternehmer und deren Subunternehmern.

Als weitere Beteiligte an Bauvorhaben kommen diese vor allem im Planungsbereich bzw. freiberuflich tätigen Baufachleute mit dem ausführenden Baubetrieb – je nach Bauaufgabe – in Verbindung:
– Architekten,
– Statiker,
– Ingenieure,
– Vermesser,
– Wasserwirtschaftler,
– Geologen.

2.4 VOB/B und die Unternehmerverträge

Die Verdingungsordnung für Bauleistungen (VOB) ist eine (DIN)Norm, die allgemeine Grundsätze für die Ausschreibung, Vergabe, Ausführung und Abrechnung von Bauleistungen festlegt. Sie ist in drei Teile gegliedert:

Teil A:
Allgemeine Bestimmungen für die Vergabe von Bauleistungen. (DIN 1960)

Teil B:
Allgemeine Vertragsbedingungen für die Ausführung von Bauleistungen (DIN 1961)

Teil C:
Allgemeine Technische Vertragsbedingungen für Bauleistungen

Für den Kleinunternehmer bzw. Bauhandwerker sind die Teile B und C der VOB von besonderer vertragsrechtlicher Bedeutung.

VOB-Geltung

Es ist jedoch ein Irrtum anzunehmen, die VOB ist ein Gesetz und gelte daher ohne eine vertragliche Vereinbarung generell im Bauwesen. Der Bauhandwerker muss davon ausgehen, dass die VOB nicht „von selbst" gilt, sondern sie muss stets neu vereinbart werden.

Bei der Finanzierung von Bauvorhaben mit öffentlichen Geldern ist die Anwendung der VOB/A zwingend vorgeschrieben. Die VOB ist Werkvertragsrecht auf der Grundlage des BGB, jedoch gibt es eine Vielzahl von Besonderheiten.

Welche rechtliche Grundlage für einen Bauvertrag auch Anwendung findet, ob BGB oder VOB, sie entspricht im Regelfall den Interessen des Bauherrn als Auftraggeber, der sich z.B. für den Fall einer verzögerten Arbeitsaufnahme nach Auftragserteilung lieber gemäß VOB absichern möchte, da dieser Vorgang im BGB nur unzureichend geregelt ist. Denn in § 5 der VOB wird auf diese Ausführungsfristen verwiesen. So ist für den Beginn der Arbeiten die Regelung aufgenommen, dass der Auftragnehmer, z.B. der Bauhandwerker, innerhalb von zwölf Werktagen nach Aufforderung mit der Ausführung zu beginnen und dies dem Auftraggeber anzuzeigen hat.

Damit ist jedoch noch nicht geregelt, wann die Bauarbeiten zu beginnen haben, so dass als Anfang der Bauausführung bereits das „Einrichten der Baustelle" ausreichen kann.

In vielen Fällen enthält der Bauvertrag auch einen detaillierten Bauzeiten- und/oder Baufristenplan und ist somit eine Leitlinie für die Bauausführung selbst.

In § 5.1 der VOB/B wird verlangt, Vertragsfristen sowie den Beginn der Ausführung, Durchführung und Fertigstellung der Leistung zu vereinbaren.

Nach § 5.1, Satz 2, der VOB/B sind die in einem Bauzeitenplan enthaltenen Einzelfristen nur dann Vertragsfristen, wenn diese im Vertrag ausdrücklich vereinbart sind. Grundsätzlich ist nur die Gesamtfrist verbindlich und damit Vertragsinhalt, dagegen ist eine Einzelfrist, insbesondere eine in einem Bauzeitenplan enthaltene Frist, unverbindlich.

Baubeginn

Ungeachtet dessen regelt § 5.2 der VOB/B den Ausführungsbeginn nach Aufforderung und nach Satz 1 muss der Bauherr auf Verlangen des Bauunternehmers diesem den voraussichtlichen Baubeginn mitteilen. Nach Satz 3 im gleichen § ist der Auftragnehmer verpflichtet, den erfolgten Baubeginn gegebenenfalls auch mündlich bekannt zu geben. Außerdem muss der Auftragnehmer, wenn es beim Einsatz von Arbeitskräften, Geräten, Baustoffen oder Bauteilen – gleichviel aus welchen Gründen – fehlt und Vertragsfristen offenbar nicht eingehalten werden, unverzüglich Abhilfe schaffen.

Schadenersatz

In § 5.1, Satz 4, der VOB/B sind die Rechte des Bauherrn bei einem verzögerten Ausführungsbeginn benannt und bei einem Verzug oder einer verlangten Abhilfe unzureichender Baustellenausstattung ist ihm das Recht gegeben, Schadensersatz zu verlangen. Voraussetzung ist dabei eine Fristsetzung und Entziehung des Auftrags durch den Bauherrn gegenüber dem Bauunternehmer. In allen anderen Fällen hat der Bauherr nur Anspruch auf Ersatz des nachweislich entstandenen Schadens. Als Schaden ist nur zu betrachten, was eine unmittelbare Folge der Leistungsverzögerung ist.

Die VOB/B unterscheidet, außer der Verzögerung für die Erbringung der Leistung, auch deren Behinderung (§ 6, Satz 1) und Unterbrechung (§ 6, Satz 5). Bei der Behinderung geht es um Ereignisse, die den Ablauf der Bauausführung hemmen und verzögern, während bei einer Unterbrechung ein völliger Stillstand der Bauarbeiten eingetreten ist.

Nach § 6 VOB/B ist der Auftragnehmer verpflichtet, dem Bauherrn Behinderungen schriftlich anzuzeigen. Diese Anzeigepflicht obliegt dem Bauunternehmer auch, wenn er die Gründe für die Behinderung nicht selbst herbeigeführt hat.

In den Fällen, in denen es der Bauunternehmer unterlässt, eine Anzeige vorzunehmen, kann für ihn eine Verlängerung der Ausführungsfristen nach § 6, Satz 2 VOB/B nicht in Betracht kommen. In § 7 VOB/B ist die Gefahrtragung geregelt, die nicht im Einklang steht mit § 644 Abs.1, Satz 1 BGB.

Der Bauunternehmer kann auch dann Kostenansprüche gegenüber dem Bauherrn geltend machen und durchsetzen, wenn das Bauwerk durch höhere Gewalt beschädigt oder zerstört worden ist. Der Bauherr hat dem Unternehmer auch bei anderen, von ihm nicht verursachten, Beschädigungen oder Zerstörungen des Bauwerkes Schadenersatz zu leisten.

Durch eine Vereinbarung zwischen den Parteien kann diese Gefahrtragungsnorm des § 7 VOB/B ausgeschlossen werden. Dem Bauunternehmer ist dies zu empfehlen.

Ein wichtiger Punkt in den Bauleistungsverträgen ist auch stets die Regelung der Abnahme der Bauleistung.

Abnahme

In § 12 VOB/B ist das Verfahren der Abnahme geregelt. Es wird unterschieden
– in Ziffer 1 nach „gewöhnlicher Abnahme",
– in Ziffer 4 nach „förmlicher Abnahme" und
– in Ziffer 5 nach „fiktiver Abnahme".

Der Bauunternehmer kann die gewöhnliche Abnahme formlos verlangen und, von diesem Zeitpunkt an gerechnet, binnen zwölf Werktagen durchführen. Der Bauherr ist verpflichtet, dem Verlangen des Bauunternehmers nachzukommen.

Bei wesentlichen Mängeln kann der Bauherr jedoch das Verlangen auf Abnahme verweigern und die Beseitigung der wesentlichen Mängel fordern. Bei unwesentlichen Mängeln hat der Bauherr die Leistung dennoch abzunehmen.

Die Unterscheidung zwischen wesentlichen und unwesentlichen Mängeln sollte vor Ort auf der Baustelle gegebenenfalls eingeschätzt werden.

In den Fällen, in denen der Bauherr oder aber auch der Bauunternehmer eine Abnahme fordert, ist dies eine förmliche Abnahme, und es ist stets eine Abnahmeniederschrift anzufertigen.

In den Fällen, in denen keine Abnahme verlangt wird, gilt die Leistung als abgenommen nach einem Zeitraum von zwölf Werktagen, nach denen der Bauunternehmer schriftlich die Fertigstellung der Leistung mitgeteilt hat. Das wäre das o.g. Verfahren einer „fiktiven Abnahme".

Wurde das Bauwerk ohne Abnahme in Gebrauch genommen, so gilt es sechs Werktage nach dieser Gebrauchnahme als abgenommen.

Nach § 12.5 (2) VOB/B ist in den Fällen, in denen eine vertragliche Regelung über eine Abnahme nicht vorgenommen wurde und der Bauunternehmer eine Abnahme nicht verlangt und nach Ablauf von sechs Werktagen die Benutzung der Bauleistung vorgenommen wurde, gilt diese als abgenommen. Ein häufiges Beispiel ist die Nutzung eines Wohnhauses oder aber auch einer Wohnung. Voraussetzung für § 12.5 (2) ist, dass der Bauherr die Leistung selbst in Benutzung nimmt.

Schlussrechnung

In § 14 VOB/B ist die Schlussrechnung geregelt. Der Bauunternehmer hat nach Fertigstellung seiner Leistungen prüfungsfähige Rechnungen einzureichen.

Nach § 14.3 VOB/B muss die Schlussrechnung bei nach VOB vereinbarten Bauleistungen mit einer vertraglichen Ausführungsfrist von höchstens drei Monaten spätestens zwölf Werktage nach Fertigstellung eingereicht werden, es sei denn, es ist etwas anderes im Vertrag vereinbart. Diese Frist wird um je sechs Werktage für je weitere drei Monate Ausführungszeit verlängert.

Schlusszahlung

Die Schlusszahlung ist nach Prüfung der Schlussrechnung zu leisten, und zwar spätestens innerhalb von zwei Monaten nach Eingang der Rechnung.

Der Bauunternehmer hat in den Schlussrechnungen die Positionen aufzugliedern und damit eine endgültige Abrechnung seiner Leistung vorzunehmen. Er ist auch verpflichtet, eine übersichtliche Rechnung zu erstellen und dabei die Reihenfolge der Kosten und die Bezeichnung der Vertragsunterlagen einzuhalten. Es sind Massenberechnungen, Zeichnungen und andere Belege beizufügen, die es dem Auftraggeber ermöglichen, die Leistung zu überprüfen.

Nach § 14.4 VOB/B sollte die Schlussrechnung im Interesse des Unternehmers nicht verspätet eingereicht werden, zumal der Bauherr – eventuell zum Nachteil des Unternehmers – dann selbst eine Schlussrechnung aufstellen kann, wenn der Unternehmer eine prüfbare Rechnung nicht einreicht, obwohl der Bauherr ihn hierzu aufgefordert und eine angemessene Frist gesetzt hat. Voraussetzung, um von einer Fälligkeit der Vergütung auszugehen, ist jedoch die Abnahme der jeweils zu berechnenden Bauleistung.

Nach § 16 VOB/B hat der Bauherr die Schlusszahlung vorzunehmen und Nachforderungen des Unternehmers sind ausgeschlossen, wenn dieser über die Schlusszahlung schriftlich unterrichtet und auf die Ausschlusswirkung hingewiesen hat.

Es ist leider auch Praxis, dass der Bauherr den überwiesenen Betrag – ob er der Schlussrechnung entspricht oder nicht – als „Schlusszahlung" bezeichnet. Sollte dem Bauunternehmer dadurch ein berechtigter Werklohn entgangen sein, dass der Bauherr gekürzt oder selbst Positionen vergessen hat, so ist für das Geltendmachen von Ansprüchen eine mögliche 24-Tage-Frist unbedingt zu beachten.

Die Forderungen des Bauunternehmers können noch so berechtigt sein: der Bauherr braucht bei fehlendem oder verspätet erklärtem Vorbehalt nach einer Schlusszahlung keine weiteren Zahlungen mehr zu leisten.

Es ist auch oft der Fall, dass vom Bauunternehmer in der prüffähigen Schlussrechnung durchaus berechtigte Forderungen vergessen wurden. Dann ist es so, dass auch diese Forderungen gemeinsam mit der vorgelegten Schlussrechnung fällig werden. Das hat auch insofern Bedeutung, weil die Verjährungsfrist zu laufen beginnt, obwohl diese Forderungen in der prüfbaren Schlussrechnung noch nicht enthalten sind.

Der Bauherr ist gehalten, die Prüfung der Schlussrechnung nach Möglichkeit zu beschleunigen. Für die Fälligkeit der Zahlung ist eine Höchstfrist von zwei Monaten bestimmt. Verzögert sich jedoch die Prüfung der Schlussrechnung, so hat der Bauherr den zweifelsfreien Betrag des Unternehmers als Abschlagszahlung zu überweisen, d. h. also vor Ablauf der endgültigen Prüfung zu zahlen.

Der Bauunternehmer hat einen Werklohnanspruch und es wird stets vorausgesetzt, dass die Bauarbeiten entgeltlich erbracht worden sind.

2.5 Baurecht und Allgemeine Geschäftsbedingungen (AGB)

AGB-Gesetz

Eigene Geschäftsbedingungen, die ein Unternehmen allen selbst abgeschlossenen Verträgen zugrunde legt, sind nicht nur zulässig, sondern auch empfehlenswert. Die inhaltliche Gestaltungsfreiheit eigener Geschäftsbedingungen darf nur nicht gegen das „Gesetz zur Regelung der Allgemeinen Geschäftsbedingungen" (AGB-Gesetz) verstoßen!

Diese „Allgemeinen Geschäftsbedingungen" sind für das gesamte Wirtschaftsgeschehen verbindlich, also auch für die rechtliche Ausgestaltung von Bauverträgen. Das AGB-Gesetz hat den Sinn, bei der Verwendung von „Allgemeinen Geschäftsbedingungen" einen angemessenen Ausgleich der beiderseitigen Interessen zu schaffen. Nachteile für einen Vertragspartner sollen hiermit verhindert werden. In den Fällen, in denen vorformulierte Vertragsbedingungen bei einer Vielzahl von Verträgen eingebunden sind, ist das AGB-Gesetz nach § 1 Abs. 1 anzuwenden. Es ist gleichgültig, inwieweit die „Allgemeinen Geschäftsbedingungen" in dem Vertragstext einbezogen sind oder ob sie als gesonderter Teil ausgewiesen werden.

Musterverträge

Im Bauwesen werden vielfach Formular- und Musterverträge verwendet. Diese fallen in der Regel unter das AGB-Gesetz, vorausgesetzt, die genannten Begriffsbestimmungen des § 1 Abs.1 AGB-Gesetz sind erfüllt. Das Kriterium ist immer, dass diese Bestimmungen für eine Vielzahl von Verträgen und Branchen vorformuliert sind und ob sie in den unternehmensspezifischen Geschäftsbedingungen auch ihre Berücksichtigung gefunden haben.

Individuelle Absprachen zwischen dem Auftraggeber und dem Bauunternehmer liegen jedoch außerhalb des AGB-Gesetzes. In der Regel werden einzelne Vertragsregelungen ausgehandelt. Eine Gestaltungsfreiheit für die Vertragspartner muss möglich sein.

„Allgemeine Geschäftsbedingungen" haben also nicht den Charakter einer allgemein verbindlichen Rechtsnorm und sie gelten nur durch entsprechende Vereinbarungen der Parteien untereinander. Nach § 2 AGB-Gesetz werden diese nur dann Bestandteil eines Vertrages, wenn der Verwender bei Vertragsabschluss die andere Vertragspartei ausdrücklich drauf hinweist und der anderen Partei die Möglichkeit verschafft, von dem Inhalt Kenntnis zu nehmen und die andere Vertragspartei mit ihrer Geltung einverstanden ist.

Das AGB-Gesetz enthält in § 9 eine Generalklausel, nach der Bestimmungen in den „Allgemeinen Geschäftsbedingungen" unwirksam sind, wenn sie den Vertragspartner des Verwenders, entgegen den Geboten von Treu und Glauben, unangemessen benachteiligen.

Eine unangemessene Benachteiligung liegt in der Regel dann vor, wenn wesentliche Rechte oder Pflichten, die sich aus dem Inhalt des Vertrages ergeben, so eingeschränkt wurden, dass das Erreichen des Vertragszwecks gefährdet ist.

Die Generalklausel ist jedoch für den Einzelfall zu allgemein und wird deshalb in der Alltagspraxis durch geeignete, aber zulässige Einzelklauseln ergänzt. Betroffen sind davon, insbesondere im Bereich der Haftungsbeschränkungen: die Verschiebung der Beweislast, die Pauschalisierung von Schadensersatzansprüchen, Aufrechnungsverbote, der Ausschluss von Zurückbehaltungs- und Leistungsverweigerungsrechten, Vertragsstrafenversprechen, Mängelrügenfristen, Gewährleistungsfristen, die Kündigung der Verträge und vieles andere mehr.

2.6 Wirksamkeit von Bauverträgen

Die Beachtung der allgemeinen Regeln des Zivilrechts ist die Voraussetzung dafür, dass auch ein Bauvertrag als wirksam abgeschlossen gelten kann.

Schwarzarbeit

Unwirksamkeitsgrund ist immer ein Verstoß gegen ein gesetzliches Verbot nach § 134 BGB. Dazu das Beispiel Schwarzarbeit (nach dem gleich lautenden Gesetz): Sollte der Unternehmer die Bauleistungen ausschließlich mit Schwarzarbeit erbringen wollen, dann ist der Vertrag zwar noch nicht ungültig, aber er haftet dann allein für alle sich daraus ergebenden Nachteile

Ungültigkeit

Ein ungültiger Vertrag liegt vor wegen Irrtums oder arglistiger Täuschung nach den §§ 119 und 123 BGB. In der Praxis des Alltagsrechts liegen die Hauptgründe für einen ungültigen Vertrag darin, dass der Ausführende nicht die erforderlichen beruflichen Fähigkeiten besitzt und gegebenenfalls nicht in der Handwerksrolle eingetragen ist.

Leider gibt es auch häufig festzustellen, dass bei der Angebotsabgabe Versprechungen gemacht werden, die von Anbeginn unerfüllbar sind. Auch in solchen Fällen kann der Vertrag angefochten werden.

Auch die Vereinbarung von Wucherpreisen ist ein Grund für die Nichtigkeit eines Vertrages. Es wird Bezug genommen auf den Begriff der Sittenwidrigkeit nach § 138 BGB.

Kein absoluter Nichtigkeitsgrund ist jedoch das Fehlen einer Baugenehmigung für ein Bauvorhaben. In diesem Falle ist die rechtliche Seite des Bauvertrages nicht betroffen.

Bei widersprüchlicher Auslegung eines Bauvertrages ist der Wille der Parteien zum Zeitpunkt des Vertragsabschlusses festzustellen und gegebenenfalls zu bedenken.

Auslegungszweifel

Bei einem VOB-Vertrag gibt es eine Reihenfolge bei Auslegungszweifeln, ohne dass diese Reihenfolge auch in den Vertragsbestandteilen zwingend so eingehalten sein muss:
- Leistungsbeschreibungen,
- besondere Vertragsbedingungen,
- zusätzliche Vertragsbedingungen,
- zusätzliche technische Vertragsbedingungen,
- allgemeine technische Vertragsbedingungen,
- allgemeine Vertragsbedingungen.

Mündliche Verträge

Mündliche Verträge sollten im Prinzip nicht geschlossen werden, wobei die Vorschriften des BGB nach den §§ 631 ff. keine Spezialregelungen für Bauverträge fordern. Die Einzelfragen aus dem bauvertraglichen Bereich sind ohnehin nicht vollständig geregelt.

Vergütungsanspruch

In jedem Falle einer Werkleistung – unabhängig von einer Regelung nach VOB/B – hat der Auftragnehmer Anspruch auf eine Vergütung. Diese gilt als stillschweigend vereinbart.

Sollte der Auftraggeber behaupten, die Leistung war kostenlos vereinbart, so hat er diesen Ausnahmefall zu beweisen.

Ist die Höhe einer Vergütung nicht vereinbart, so hat der Auftragnehmer stets Anspruch auf eine übliche Vergütung nach § 632,2 BGB.

Abschlagszahlung

Ohne eine Regelung nach VOB/B tritt die Fälligkeit der Vergütung bei einem BGB-Werkvertrag gemäß § 641, Abs.1, Satz 1, erst mit der Abnahme ein. Abschlagszahlungen kann der Auftragnehmer nur dann verlangen, wenn diese vereinbart sind. Trotzdem ist er in vollem Umfang vorleistungspflichtig.

Bei der Mängelhaftung ohne VOB-Vereinbarung hat der Auftraggeber vorrangig einen Nachbesserungsanspruch, wobei die Nachbesserung auch ein Recht des Bauauftragnehmers ist. Im Falle des Verzuges der Nachbesserung durch den Auftragnehmer hat der Auftraggeber ein Recht auf Selbstbeseitigung des Mangels und er kann die Aufwendungen dem Auftragnehmer anlasten. Gegebenenfalls hat der Auftraggeber auch einen Vorschussanspruch gegen den Auftragnehmer.

Gewährleistungsrechte

Andere Gewährleistungsrechte, wie Wandelung, Minderung und Schadensersatz, verlangen gewisse Voraussetzungen. In der Regel dann, wenn der Auftragnehmer eine ihm gesetzte Frist nicht beachtet oder die Nachbesserung ablehnt bzw. eine Mängelbehebung nicht möglich oder die Nachbesserung nur mit einem unverhältnismäßigen Aufwand verbunden ist.

Mängelansprüche

Nachdrücklich muss darauf hingewiesen werden, dass die Mängelansprüche nach VOB und BGB sich im Wesentlichen in den Zeiten unterscheiden. Nach VOB/B ist eine Verjährung nach § 13, Nr. 4, von zwei Jahren gegeben und bei Ansprüchen nach BGB besteht eine Frist von fünf Jahren, sofern die Arbeiten auf Bauwerke bezogen sind (§ 638 Abs. 1 BGB).

Die Abnahme von Bauleistungen ist in beiden Regelungen unterschiedlich, wobei bei der VOB/B unterschieden wird in der „förmlichen Abnahme" nach § 12, Nr. 4, und der „fiktiven Abnahme" (siehe auch Kapitel 2.4 hier im Buch). Im Falle einer Mitteilung der Fertigstellung oder der Inbenutzungnahme nach § 12, Nr. 5, verlangt das BGB nach § 630 Abs. 1 nur, dass der Auftraggeber verpflichtet ist, das vom Auftragnehmer fertig gestellte Werk abzunehmen.

Nach dem BGB kann der Auftraggeber bei der Kenntnisnahme von Mängeln eine Nachbesserung, Wandelung oder Minderung nicht mehr vornehmen (§ 640, Abs. 2 BGB), jedoch hat er weiterhin einen Anspruch auf Schadensersatz nach § 635 BGB.

Auch bei der Nichteinhaltung von Bauleistungszeiten aus den Verträgen unterscheiden sich beide Regelungen, wobei die VOB/B sehr detailliert in den §§ 5, 6, 8 und 11 die Folgen von Verzügen hervorhebt, ist im BGB bei verspäteter Herstellung eines Werkes nur der Rücktritt nach § 636 möglich, wobei die Regelung des Schuldrechts Anwendung finden kann.

Kündigung

Nicht selten ist im Bauwesen – und besonders bei Baunebenleistungen – die Kündigung des Auftraggebers gegeben, und oftmals ohne besonderen Grund. Der Auftragnehmer kann dann die vereinbarte Vergütung verlangen. Jedoch muss er sich anrechnen lassen, was er an Aufwendungen erspart oder durch eine andere Verwendung einsetzen kann (§ 649, Satz 1 und Satz 2 BGB). Das für die spezifische Leistung gemäß des abgeschlossenen Vertrages angeschaffte Material muss der Auftragnehmer sich nur dann anrechnen lassen, wenn er in absehbarer zumutbarer Zeit dieses Material anderweitig einsetzen kann. Dies gilt auch für den anderweitigen Einsatz von Arbeitnehmern, d. h., es muss die Möglichkeit unmittelbar bestehen, die Arbeitskräfte an anderer Stelle einzusetzen. Mögliche Einsparungen des Auftragnehmers nach Kündigung des Auftraggebers sind vom Auftraggeber zu beweisen.

Der Auftraggeber wird stets nach einem wichtigen Grund für die Kündigung suchen und dieser ist dann gegeben, wenn die Fortsetzung des Vertrages nicht mehr zugemutet werden kann, weil z. B. eine empfindliche Vertrauensstörung vorliegt. Vorrangig sind hierbei schlechte Bauleistungen in Erfüllung des Vertrages anzusehen.

Der Auftragnehmer kann jedoch nicht ohne Grund kündigen. Ein wichtiger Grund wäre zum Beispiel, dass der Auftraggeber seine Mitwirkungshandlungen trotz Fristsetzung und Kündigungsandrohung nicht einbringt. Hierbei ist in erster Linie an die Übergabe von Unterlagen gedacht (§ 643 BGB).

Die Vorschriften des Werkvertragsrechts im BGB treten zurück, soweit die VOB/B eine eigene Regelung dafür enthält.

So kennt das BGB keine speziellen Vergütungsvorschriften, außer § 632 BGB, wobei die oftmals in der Praxis vorkommenden Mehrleistungen nur in §§ 2, Nr. 6, VOB/B geregelt sind.

Mängel

Das Primat der VOB/B ist auch bei dem Komplex „Mängel" eindeutig: So hat der Auftraggeber die Möglichkeit, Mängel selbst zu beseitigen und Minderung bzw. Schadensersatz geltend zu machen, wenn der Bauunternehmer in Verzug gekommen ist.

Bei ausschließlicher Anwendung der BGB-Normen ist eine Frist mit einer Ablehnungsandrohung nach § 634, Abs.1, notwendig.

2.7 Vertragsarten bezüglich der Vergütung

Einheitspreisvertrag

Der Regelfall ist der Einheitspreisvertrag. Nach § 2, Nr.2, VOB/B ist dieser Vertrag die Regel und davon abweichende Vereinbarungen müssen schriftlich abgefasst werden. Nach dem Einheitspreisvertrag hat der Auftragnehmer nach Mengen und Einheitspreisen abzurechnen. Dieser Einheitspreisvertrag ist bekannt unter dem Begriff Leistungsvertrag.

Grundlage beim Leistungsvertrag ist das Leistungsverzeichnis (§ 5, Nr.1 a, VOB/A). Die Rechnung ist nach Menge, d.h. je nachdem nach Maß, Gewicht und Stückzahl, abzurechnen. Die Mengen werden vom Auftraggeber bzw. von dessen Architekten oder Ingenieur vorgegeben. Die Mengenangabe vom Auftraggeber ist aber unverbindlich.

Links neben den Mengen ist eine Spalte als Positionszahl in fortlaufender Nummer vorgegeben. In der Spalte rechts wird die Leistung genau beschrieben, d.h., die Menge wird spezifisch angegeben. Daneben rechts – von links gesehen die vierte Spalte – wird der Einzelpreis („Einheitspreis") genannt. Außen in der Spalte 5 ist der Positionspreis angegeben.

Die Positionspreise, d.h. die Mengen, brauchen nicht verbindlich zu sein. Dagegen ist der Einheitspreis bindend.

Die Summe der Positionspreise, d.h. der Gesamtpreis als Einheitspreis, ist verbindlich und er ergibt sich aus dem vorherigen Aufmaß.

Festpreis

Nach der VOB kann auch ein Leistungsvertrag in Form eines Pauschalvertrages abgeschlossen werden. Hier kommt es auf den gesamten Preis an, in der Praxis wird von einem „Festpreis" gesprochen.

Bei einem Einheitspreisvertrag ist eine Höchstpreisklausel vorgegeben. Der Auftragnehmer kann danach keine höhere Vergütung für die im Vertrag vereinbarten Leistungen erzielen.

2.7 Vertragsarten bezüglich der Vergütung

Stundenlohnvertrag

Der Stundenlohnvertrag ist im Sinne der VOB/B eine Ausnahme. Eine Abrechnung nach Stunden ist nur dann gegeben, wenn diese vor der Ausführung der Arbeiten ausdrücklich verabredet worden ist (§ 2, Nr.10, VOB/B).

Die Rechnung nach Stundenlohn wird fällig, wenn eine Abrechnung auf der Grundlage des vereinbarten Preises durch den Auftragnehmer vorgenommen wurde. Die Bedeutung der Abrechnung auf Stundenlohn ist besonders im Baunebengewerbe, d.h. bei Nebenarbeiten gegeben. Dies kann besonders bei Abbrucharbeiten im Zuge von Baumaßnahmen notwendig sein.

Selbstkostenerstattung

Im Bereich der Baunebengewerke muss noch der in § 5, Nr.3, VOB/A genannte Selbstkostenerstattungsvertrag betrachtet werden. Der Auftraggeber hat danach dem Auftragnehmer die Selbstkosten zu erstatten. Darunter fallen Löhne, Stoffe, Gerätevorhaltung sowie andere Aufwendungen und Kosten, einschließlich der Gemeinkosten und des Gewinnes.

Der Anspruch auf Vergütung durch den Auftragnehmer. Voraussetzung für einen Vergütungsanspruch sind vertragliche Beziehungen, d.h., der Auftragnehmer benötigt einen Auftrag. Dem Bauauftrag und späteren Vertrag gehen in der Regel die Abgabe des Angebotes und das Aushandeln der Vertragsbedingungen voraus.

Leistungsverzeichnis

Grundlage des Vertragsangebotes ist das Leistungsverzeichnis, das – in Positionen aufgegliedert – all die Arbeiten nach Inhalt und Umfang enthält, die von dem Bauunternehmer erbracht werden sollen.

Das Leistungsverzeichnis ist noch kein Vertragsangebot, sondern listet zunächst nur die Leistungen auf, die von dem Bauunternehmer zu erbringen sind. Die Beschreibung der zu tätigen Bauleistungen sollte unmissverständlich und vollständig sein, so dass danach auch eine genaue und einwandfreie Preisermittlung durch den beauftragten Unternehmer möglich ist.

Der Bauunternehmer setzt in das ihm übergebene Leistungsverzeichnis seine Angebotspreise ein.

Der beauftragte Architekt bzw. Planer wird sich bei den bedeutenden Bauarbeiten durch Einholung mehrerer Angebote auf der Grundlage des Leistungsverzeichnisses zunächst einen Überblick über die Leistungsfähigkeit der einzelnen Anbieter verschaffen.

In den meisten Fällen wird zwar der Unternehmer den Auftrag erhalten, der das niedrigste Angebot abgegeben hat. Der Auftraggeber wird aber auch in dem Wissen entscheiden, dass das versprochene Preis-Leistungsverhältnis nicht unbedingt mit der Höhe oder Tiefe der genannten Summen identisch sein muss.

Vor Abschluss des Bauvertrages ist es von außerordentlicher Bedeutung, die Bedingungen des Vertrages vollständig auszuhandeln.

Die Aufforderung des Auftraggebers zum Abschluss eines Bauvertrages sollte direkt als Auftrag gekennzeichnet sein. Das setzt voraus, dass bereits ein Angebot zum Abschluss des Vertrages vorliegen muss.

2.8 Pflichten bei der Baudurchführung

2.8.1 Auftraggeber

Die Hauptpflichten des Auftraggebers (Bauherr) sind in der VOB Teil B, § 4, Nr.1, Abs.1, sowie Nr. 4 benannt. Demnach hat der Auftraggeber die Aufrechterhaltung der allgemeinen Ordnung auf der Baustelle und das Zusammenwirken der verschiedenen Unternehmer zu regeln. Überdies hat er die erforderlichen öffentlich-rechtlichen Genehmigungen und Erlaubnisse herbeizuführen.

Schließlich hat er dem Auftragnehmer, sofern nichts anderes vereinbart ist, die notwendigen Lager- und Arbeitsplätze auf der Baustelle sowie die Zufahrtswege und Anschlussgleise, ferner vorhandene Anschlüsse für Wasser und Energie unentgeltlich zur Benutzung oder Mitbenutzung zu überlassen. Die Kosten für den Verbrauch fallen jedoch dem arbeitenden Auftragnehmer zu.

Die Pflicht des Auftraggebers bezüglich der allgemeinen Ordnung auf der Baustelle bedeutet, dass die Gesamtbaustelle in Bezug auf ihre Einrichtung sowie auf den dort zu erwartenden Bauablauf so beschaffen sein muss, dass es während der Bauausführung nicht zu Störungen kommt.

Es müssen nicht nur ausreichende Zufahrtswege, Lagerstellen für Material und Maschinen und sonstige allgemein übliche und notwendige Einrichtungen vorhanden sein, sondern der Auftraggeber

Bauablauf hat auch die Voraussetzungen für einen ordentlichen Bauablauf zu schaffen.

Bei größeren Baustellen kann das Aufstellen von Baustellenordnungsplänen erforderlich sein. In Störungsfällen ist der Auftraggeber verpflichtet, für Abhilfe zu sorgen.

In besonderem Maße obliegt dem Auftraggeber die Koordinierung, d. h. ein reibungsloses Zusammenwirken aller an der Bauausführung Beteiligten. Das betrifft vor allem die Festlegung des Einsatzes der verschiedenen Auftragnehmer in zeitlicher Hinsicht. Der Auftragnehmer muss sich drauf verlassen können, dass sein Einsatz auf der Baustelle in einer Weise geschehen kann, die ein ordnungsgemäßes und fachlich einwandfreies Arbeiten ermöglicht.

Bauzeitenpläne Der Auftraggeber hat bei größeren Baustellen die Verpflichtung, Bauzeitenpläne zu erarbeiten oder erarbeiten zu lassen. Diese Pläne beinhalten den zeitlichen Ablauf der unterschiedlichen Bauleistungen, den Beginn, den Ablauf und das Ende der Arbeiten jedes einzelnen Auftragnehmers unter Berücksichtigung der jeweiligen vertraglichen Vereinbarungen und Fristen.

Zu den Pflichten des Auftraggebers gehört auch der Bereich der Einholung der öffentlich-rechtlichen Genehmigungen und Erlaubnisse. Fehlende Genehmigungen machen den Bauvertrag nicht unwirksam, jedoch treten zumindest Bauverzögerungen auf, die eindeutig zu Lasten des Auftraggebers gehen.

2.8.2 Die Leistungspflichten des Auftragnehmers

Nach § 4, Nr.2, VOB/B hat der Auftragnehmer die Leistung unter eigener Verantwortung nach dem Vertrag auszuführen und dabei die anerkannten Regeln der Technik und die gesetzlichen und behördlichen Bestimmungen zu beachten.

Außerdem hat der Auftragnehmer die Ausführung seiner vertraglichen Leistung zu leiten und für Ordnung auf seiner Arbeitsstelle zu sorgen. Im Verhältnis zu seinen Arbeitnehmern ist er für alle erforderlichen Vereinbarungen und Maßnahmen, vor allem für die Erfüllung der gesetzlichen, behördlichen und berufsgenossenschaftlichen Verpflichtungen, allein verantwortlich.

Die Pflichten des Auftragnehmers in Bezug auf die Bauausführung ergeben sich aus dem jeweiligen Werkvertrag und die bauvertraglichen Vereinbarungen sind in ihrer Gesamtheit zu erfüllen.

Regeln der Technik

Von dem Auftragnehmer werden fachliche Kenntnisse erwartet und bezüglich der anerkannten Regeln der Technik hat er nicht nur die technischen Vorschriften des Teils C der VOB einzuhalten, sondern auch die im Rahmen seiner Betätigung einschlägigen Regeln. Gleichwohl hat er die Verpflichtung, sich ständig über Fortschritte im technischen Bereich und deren Anwendung zu unterrichten.

Sollte der Auftragnehmer einzelne Arbeiten nicht mit der erforderlichen Sachkunde und Erfahrung ausführen können, so hat er entsprechend des abgeschlossenen Vertrages dafür einzustehen, dass Subunternehmer die Leistung erbringen. Der Bauunternehmer ist nicht nur nach öffentlichem Recht, sondern auch vertraglich verpflichtet, in solchen Fällen, in denen seine Kenntnisse nicht ausreichen, geeignete Fachunternehmer oder Fachleute heranzuziehen, vor allem sachkundigen Rat einzuholen.

Der Bauunternehmer kann sich auch nicht auf eine ungenügende Überwachung durch einen Architekten des Auftraggebers berufen, denn der Auftragnehmer kann vom Auftraggeber nicht verlangen, dass dieser ihn bei den Bauarbeiten überwacht oder überwachen lässt. Selbst Anweisungen des Auftraggebers, oder auch dessen Architekten, sind aus fachlicher Sicht stets zu überdenken. Der Auftragnehmer hat diese auf Zweckmäßigkeit zu prüfen und auf Bedenken hinzuweisen, so dass auch hier seine Eigenverantwortung nicht gemindert ist.

Der Auftragnehmer sollte auch bei Anweisung des Auftraggebers nicht nur eventuell vorhandene Bedenken vortragen, sondern auch die Stellungnahme des Auftraggebers bei widersprüchlichen fachlichen Auffassungen verlangen. Sollte durch die Befolgung einer Anweisung des Auftraggebers eine ungerechtfertigte Erschwerung in der Ausführung und dem Bauablauf eintreten, so hat der Auftragnehmer Anspruch auf Ersatz der Mehrkosten. Dies ist dann gegeben, wenn die Anordnungen des Auftraggebers nicht erforderlich oder wenn sie unzweckmäßig waren (§ 2, Nr. 5, VOB/B).

Nach § 4, Nr.1, VOB/B ist der Auftraggeber für das Zusammenwirken auf der Baustelle für die verschiedenen Auftragnehmer zeitlich und räumlich zuständig und der Auftragnehmer ist verantwortlich für seinen eigenen Leistungs- und Verantwortungsbereich.

Der Auftragnehmer hat für seine auf dem Bau eingesetzten Arbeiter einzustehen, sie einzuteilen, ihnen die erforderlichen Leistungsfunktionen zuzuteilen, sie örtlich und zeitlich richtig einzusetzen sowie die Ausführung der gesamten ihm übertragenen Leistung zu überwachen. In der Erfüllung seiner Verpflichtungen, besonders gegenüber seinen Arbeitnehmern, ist die Einhaltung der Unfallverhütungsvorschriften hervorzuheben und hierfür hat er in vollem Umfang einzustehen.

Der Auftraggeber hat ein Recht darauf, dass der Auftragnehmer die vertraglich vereinbarten Leistungen selbst ausführt. Es liegt auf der Hand, dass der Auftraggeber ein besonderes Interesse daran hat, die Bauleistungen durch denjenigen Auftragnehmer ausgeführt zu wissen, den er vertraglich hiermit beauftragt und zu dem er inzwischen die direkte, oft auch vertrauensvolle Beziehung entwickelt hat.

Nach § 4, Nr. 8, VOB/B ist der Grundsatz aufgestellt, dass die Leistung vom Auftragnehmer im eigenen Betrieb auszuführen ist und nur mit schriftlicher Zustimmung des Auftraggebers auf Nachunternehmer übertragen werden darf. Bei Zustimmung des Auftraggebers, Subunternehmer zu binden muss auch der Nachunternehmervertrag auf der Grundlage der VOB abgeschlossen werden. Auf Verlangen des Auftraggebers sind die Nachunternehmer bekannt zu geben.

Eine weitere wesentliche Verpflichtung besteht für den Auftragnehmer nach § 4, Nr. 3, VOB/B: danach wird von ihm verlangt, dass er Bedenken gegen die vorgesehene Art der Ausführung, gegen die Güte der vom Auftraggeber gelieferten Materialien oder Bauteile und auch gegen die Leistung anderer Unternehmer unverzüglich, und zwar möglichst schon vor Beginn der Ausführung, dem Auftraggeber schriftlich mitzuteilen hat. Die Verpflichtungen des Auftraggebers sind hierdurch nicht eingeschränkt und er bleibt für seinen Teil voll verantwortlich. Die Regelung erwächst aus dem allgemeinen Grundsatz, dass der Auftragnehmer den Auftraggeber in sämtlichen vorgenannten Fällen und darüber hinaus ganz allgemein vor Schaden zu bewahren hat. Die Prüfungspflicht des Auftragnehmers erstreckt sich auch vor allem auf das Leistungsverzeichnis, wenngleich keine übertriebenen Anforderungen gestellt werden sollten. Jedoch hat der Auftragnehmer bei Auftreten von Zweifeln stets die Verpflichtung, diese durch entsprechende Umfragen beim Auftraggeber oder dessen Architekten aufzuklären.

Der Auftragnehmer hat für diejenigen Materialien, die er selbst liefert oder durch Dritte anliefern lässt, im Rahmen seiner Gewährleistungspflicht einzustehen.

Prüfungspflicht

Eine Prüfungspflicht besteht für den Auftragnehmer jedoch für solche Materialien, die ihm vom Auftraggeber oder dessen Architekt direkt bzw. über Dritte geliefert – und damit sozusagen vorgeschrieben werden. Der Auftragnehmer kann sich in solchen Fällen nicht darauf verlassen, dass die ihm zur Verfügung gestellten oder empfohlenen Materialien den allgemeinen Güteranforderungen oder den DIN-Normen entsprechen. Bezüglich des Zeitpunktes der Prüfung, so wird regelmäßig vor der Verarbeitung verlangt, kann aber auch die Prüfungspflicht für den Auftragnehmer während der Einbringung erwartet werden.

Mängel

Dem Auftragnehmer obliegt also auch in diesen Fällen die allgemeine und in § 4, Nr. 3, VOB/B ausdrücklich festgehaltene Verpflichtung, auf Mängel solcher Vorarbeiten anderer Unternehmer rechtzeitig hinzuweisen, auf die seine Leistung aufbaut oder mit der sie im Zusammenhang steht.

Die Verpflichtung zur eigenen fachgerechten Einbringung der Leistung wird hierdurch nicht eingeschränkt. Dies bezieht sich besonders auf Mängel solcher Vorarbeiten, die eigene Leistungen des Auftragnehmers überhaupt nicht berühren.

Mitteilungen über mangelhafte oder nicht rechtzeitige Leistungen anderer am Bau tätiger Unternehmer sollten richtigerweise an den Auftraggeber gehen und regelmäßig auch an den bauleitenden Architekten. Diese Benachrichtigungen sollten schriftlich erfolgen.

Die Prüfungs- und Mitteilungspflichten des Auftragnehmers ergeben sich auch aus seiner Gewährleistungsverpflichtung. Der Auftragnehmer, der seiner Pflicht aus § 4, Nr. 3, VOB/B nicht nachkommt, hat auch für solche Schäden einzustehen, die trotz an sich ordnungsgemäßer Ausführung seiner eigenen Leistung dadurch entstehen, dass aufgrund der vorgenannten Art der Ausführung, der Güte der vom Auftraggeber gelieferten Stoffe oder Bauteile, bzw. infolge einer Vorleistung anderer Unternehmer, Mängel am Bauwerk entstehen. In solchen Fällen ist das Mitverschulden bzw. die

Mitverursachung des Auftraggebers zu prüfen und es muss betont werden, dass der Auftraggeber für Fehler seines Architekten gemäß § 278 BGB einzustehen hat.

Mithaftung

Bei der Prüfung des Umfanges der Mithaftung ist festzustellen, ob und in welchem Umfang eine Prüfungs- und Mitteilungspflicht nach § 4, Nr. 3, VOB/B besteht und verletzt worden ist. Die Beweislast für die Erfüllung seiner besonderen Prüfungs- und Mitteilungspflicht hat danach der Auftragnehmer zu tragen.

Der Auftraggeber, der auf die Mitteilung des Auftragnehmers nichts unternimmt, trägt natürlich das Risiko der aus seiner Untätigkeit erwachsenen Folgen. Dasselbe gilt, wenn der Auftraggeber trotz der Mitteilung des Auftragnehmers auf seinen bisherigen Anordnungen besteht. In solchen Fällen ist auf § 4, Nr.1, Abs. 4, VOB/B hinzuweisen. Danach bleibt der Auftragnehmer grundsätzlich verpflichtet, in der angeordneten Art und Weise des Auftraggebers zu verfahren, wird aber gleichzeitig von der Haftung freigestellt.

**Leistungs-
verweigerung**

Eine Leistungsverweigerung ist dem Auftragnehmer zuzugestehen, wenn die angeordnete Ausführung des Auftraggebers mit an Sicherheit grenzender Wahrscheinlichkeit zu einem erheblichen Mangel oder Schaden, vor allem aber auch zu einer ernsthaften Gefährdung des vertraglichen Leistungsziels führt.

2.8.3 Geltendmachung von Gewährleistungen bzw. Nachbesserungen

Baumängel

Nach § 13, Nr. 5, Abs.1, Satz 1, VOB/B ist der Auftragnehmer verpflichtet, alle während der Verjährungsfrist hervortretenden Mängel, die auf vertragswidrige Leistung zurückzuführen sind, auf seine Kosten zu beseitigen, wenn es der Auftraggeber vor Ablauf der Frist schriftlich verlangt. Der Mangel muss während der Verjährungsfrist „hervorgetreten" sein. Es kommt nicht auf den Zeitpunkt der Entstehung, sondern darauf an, wann der Mangel erkannt worden ist. Auch vor der Abnahme vorhandene, aber erst danach bekannt gewordene Mängel werden daher erfasst. Dasselbe gilt für Mängel, die schon vor der Abnahme dem Auftraggeber bekannt waren, wenn er sich insoweit seine Ansprüche bei der Abnahme ausdrücklich vorbehalten hat.

Stets ist der Auftragnehmer berechtigt, den Mangel zu beseitigen und umgekehrt ist der Auftraggeber auch verpflichtet, die Mangelbeseitigung zu dulden. Von sich aus kann der Auftraggeber nicht zur Ersatzvornahme schreiten. Das Recht des Auftragnehmers, den Mangel selbst zu beseitigen, erlischt erst, wenn die ihm gesetzte angemessene Frist abgelaufen ist.

Auch in den Fällen, in denen der Bauvertrag vorzeitig beendet oder aufgehoben worden ist, ist der Auftragnehmer grundsätzlich verpflichtet, aber auch berechtigt, den Mangel an dem von ihm erstellten Teilwerk zu beseitigen.

Der Auftragnehmer kann seiner Verpflichtung zur Mängelbeseitigung aber nur dann nachkommen, wenn er weiß, was von ihm verlangt wird. Daher muss der Auftraggeber den Mangel genau bezeichnen und seine Beanstandung muss für den Auftragnehmer zweifelsfrei erkennbar sein.

Die Mangelerscheinung soll hinreichend bezeichnet sein, jedoch braucht der Auftraggeber die Mangelursache nicht konkret anzugeben, z. B. bei Feuchtigkeitserscheinungen im Mauerwerk. Der Auftraggeber genügt seiner Darlegungspflicht, wenn er einen Mangel, aus dem er Rechte herleiten will, in seinem Erscheinungsbild behauptet und belegt. Eine allgemein gehaltene Mängelrüge des Auftraggebers genügt nicht. Verlangt wird das Erscheinungsbild des jeweiligen Mangels.

Mängelbeseitigung Bereits bei der ersten Mängelanzeige muss der Auftraggeber mit Bestimmtheit neben der Bezeichnung des Mangels die Behebung verlangen. Die Aufforderung zur Mängelbeseitigung ist eine einseitig empfangsbedürftige Willenserklärung. Sie muss dem Auftragnehmer zugehen. Die Aufforderung zur Mängelbeseitigung besteht auch im Verhältnis von Auftragnehmer zu den jeweiligen betroffenen Subunternehmern.

Obwohl die Schriftform eindeutig zu empfehlen ist, so ist sie dennoch keine Anspruchsvoraussetzung für ein ordnungsgemäßes Mängelbeseitigungsbegehren. Die Schriftform ist auch noch in einem anderen Zusammenhang von Bedeutung: Sie muss gewahrt sein, wenn sich der Auftraggeber durch sein Beseitigungsverlangen den Anspruch über die Verjährungsfrist des § 13, Nr. 4, VOB/B hinaus erhalten will. Auch aus Beweisgründen ist stets zu empfehlen, das Beseitigungsverlangen schriftlich zu stellen.

Der Auftragnehmer ist verpflichtet, den Mangel auf seine Kosten zu beseitigen und er muss alle Arbeiten durchführen, die erforderlich sind, um die Leistung in einen vertragsgemäßen Zustand zu versetzen. Dazu gehören auch alle Schäden, die durch die Arbeiten zur Mängelbeseitigung an der eigenen Leistung des Auftragnehmers oder an den Leistungen anderer Unternehmer entstanden sind oder auch zwangsläufig entstehen können.

Die Mängelbeseitigung auf Kosten des Auftragnehmers nach § 13, Nr. 5, Abs. 2, VOB/B wie aber auch im Falle des § 633, Abs. 3, BGB ist erst dann zulässig, nachdem der Auftragnehmer aufgefordert ist, nachzubessern und dieser der Nachbesserungsaufforderung innerhalb der gesetzten Frist nicht nachgekommen ist. Statt die Nachbesserungskosten vorzuschießen, kann der Auftraggeber den Auftragnehmer auch auf Zahlung eines – später abzurechnenden – Vorschusses in Anspruch nehmen.

Verweigerung

Kann der Auftragnehmer bei Vorliegen der im einzelnen nicht genannten Voraussetzungen die Mängelbeseitigung nicht vornehmen, so kann er diese nach § 13, Nr. 6, Satz 1, VOB/B verweigern, wenn sie unmöglich ist oder einen unverhältnismäßig hohen Aufwand erfordert. Der Auftraggeber kann dann die Minderung der Vergütung verlangen (siehe auch §§ 634 Abs. 4, 472 BGB). Die Unmöglichkeit der Mängelbeseitigung nach VOB ist dann gegeben, wenn sie von keinem Unternehmer durchgeführt werden kann.

2.8.4 Abnahme von Leistungen

Die Abnahme ist ein bedeutsames Ereignis im Zuge der Vertragserfüllung bei einer Baumaßnahme, da auch die Vergütung bei Abnahme zu entrichten ist. Bei Werkverträgen nach BGB wird verwiesen auf § 641 BGB und auf § 16, Nr. 3, VOB/B.

Neben der zu zahlenden Vergütung für Bauleistungen ist die Vorleistungspflicht des Auftragnehmers durch die Abnahme erbracht und der Erfüllungsanspruch des Auftraggebers beschränkt sich auf das abgenommene Werk, so dass der Auftragnehmer nur noch für etwaige Mängel des Werks durch deren Beseitigung in Anspruch genommen werden kann. Mit der Abnahme geht auch die Gefahr der Bauleistung auf den Auftraggeber über und die Beweislast für die vertragsgerechte Erfüllung kehrt sich nunmehr insofern um, dass der Auftraggeber das Vorhandensein von Mängeln zu beweisen hat.

Schließlich ist der Zeitpunkt der Abnahme auch Ausgangspunkt für den Beginn der Verjährung, und zwar sowohl der Vergütungs- als auch der Gewährleistungsansprüche.

Die Abnahme ist beim Werkvertrag – wie aber auch beim VOB-Bauvertrag – eine Hauptpflicht des Auftraggebers (§ 640, Abs.1, BGB) und kann auch vom Auftragnehmer eingeklagt werden.

Die Abnahme bedeutet nicht nur die körperliche Übernahme des Werkes, sondern auch die Erklärung, dass die vertragsgemäße Leistungserfüllung gegeben ist.

2.9 Die Vergütung des Auftragnehmers

Die ordnungsgemäße Bauabrechnung ist grundsätzlich Voraussetzung für die Fälligkeit von Vergütungsansprüchen. Das trifft nicht nur für Schlusszahlungen zu, sondern auch für vorangehende Zahlungen, wie häufig vorkommende Abschlagszahlungen sowie etwaige Teilzahlungen.

Schlusszahlung

Voraussetzung für eine Schlusszahlung, d.h. die letzte Zahlung aus einem Bauvertrag, ist die Vorlage einer ordnungsgemäßen Schlussabrechnung des Auftragnehmers.

Die ordnungsgemäße Abrechnung wird von diesen zwei Faktoren abhängig gemacht: die jeweils betreffende Zahlung aufgrund der Abrechnung und die dem jeweiligen Bauvertrag vereinbarungsgemäß zugrunde liegende Vergütungsart.

Voraussetzung für die Rechnungserteilung ist ein Vorgang, welcher maßgebend für die spätere Abrechnung ist, und es muss nachdrücklich verwiesen werden auf ein unbedingt vorhandenes ordentliches Aufmaß.

Aufmaß

Das Aufmaß ist die Grundlage neben der eigentlichen Rechnungsaufstellung für einen Einheitspreisvertrag!

Im Gegensatz hierzu steht die Abrechnung des Pauschalvertrages, bei der für die spätere Rechnungserteilung grundsätzlich die Bezugnahme auf das Angebot und den darauf beruhenden Regelungen im Vertrag genügt.

Bei einem VOB-Vertrag sind die entsprechenden vertraglichen Einzelregelungen in § 14 VOB/B geregelt. Bei einem Werkvertrag nach BGB ist die Abrechnung im Falle eines Einheitspreisvertrages auch das Aufmaß und die Rechnungsaufstellung.

Fälligkeit

Dies hat für den Bauvertrag in seiner Form als Einheitspreisvertrag zur Folge, dass nach der Bestimmung des § 641 BGB die Zahlung nach der Bauabnahme sofort fällig ist. In der Praxis wird sich diese sofortige Fälligkeit aber verzögern bis der Auftragnehmer die dafür notwendigen Voraussetzungen geschaffen hat: wenn das Aufmaß abschließend genommen und auf dieser Grundlage die Abrechnung bzw. Rechnung zur Vorlage beim Auftraggeber erstellt ist.

Bis zu diesem Zeitpunkt kann der Auftraggeber darauf verweisen, dass er die wirkliche endgültige Forderung aus der Sicht des Auftragnehmers nicht kennt. Daher muss der Auftragnehmer mit der Rechnungsübergabe darstellen, dass die tatsächlich erbrachten Mengen, Gewichte oder Stückzahlen durch endgültige Fixierung der jeweiligen Leistung auch vorliegen, um dann in der Rechnung auf das verwertete Aufmaß begründet verweisen zu können.

Hinsichtlich der Fälligkeit der Zahlung ist beim Einheitspreisvertrag (als BGB-Bauvertrag) zu beachten, dass nach § 641 BGB bei der Abnahme zugleich die Verjährungsfrist beginnt. Jedoch ist auch der Vergütungsanspruch des Auftragnehmers auf zwei Jahre nach § 196 BGB eingeleitet, wobei nach § 201 BGB die Verjährung am Schluss des jeweiligen Jahres beginnt, in dem die Abnahme erfolgt ist.

Die Fälligkeit im verjährungsrechtlichen Sinne liegt im Zeitpunkt der Abnahme vor, unabhängig davon, ob und wann der Auftragnehmer eine ordnungsgemäße Abrechnung vornimmt.

Nach VOB/B ist dies insofern anders geregelt, indem es auf die Fälligkeit im verjährungsrechtlichen Sinne auf die Einreichung der Schlussrechnung, d.h. auf die maßgebende Frist gemäß § 16, Nr. 3, Abs. 1, ankommt.

Im Sinne des § 14, Nr. 2, VOB/B ist hervorzuheben, dass die für die Abrechnung notwendigen Feststellungen möglichst gemeinsam vorzunehmen sind. Der Auftraggeber ist zu benachrichtigen und sozusagen zum gemeinsamen Aufmaß einzuladen, d.h. er sollte vom Aufmaßtermin wissen und daran teilnehmen können. Das ist besonders dann empfehlenswert und – wenn im Vertrag geregelt – Verpflichtung, wenn es sich um die Aufmessung von Leistungen handelt, die im Verlauf des weiteren Baufortschritts hinter späteren Leistungen verschwinden, also nicht mehr einwandfrei feststellbar sind. In solchen Fällen muss dann der Auftragnehmer bei keinem gemeinsamen Aufmaß hinnehmen, dass lediglich nach vorliegenden Zeichnungen oder nach Schätzungen abgerechnet wird, was in der Regel zu seinem Nachteil ist. Beispielhaft sind Abbrüche in einem vorhandenen Bauwerk zu nennen, so auch bei Entkernungen von Gebäuden.

Hinsichtlich des Aufmaßes regelt § 14, Nr. 2, Satz 2, VOB/B, dass die Aufmaßbestimmungen in den Allgemeinen Technischen Vorschriften (ATV) und den anderen Vertragsunterlagen zu beachten sind. Das gilt auch für jene Fälle, in denen im selben Bauvertrag durch zusätzliche technische Vorschriften oder durch entsprechende Ergänzungen oder Änderungen in der Leistungsbeschreibung nach § 10, Nr. 3, VOB/A spezielle Regelungen über das Aufmaß enthalten sind.

Schlussvergütung

Zur Herbeiführung der Fälligkeit des Vergütungsanspruches eines Auftragnehmers, gleichviel ob Schlussvergütung oder Teilschlussvergütung, hat der Auftragnehmer unter Zuhilfenahme des Aufmaßes die Schlussrechnung aufzustellen. Die dazu maßgebenden Erfordernisse sind für den Bereich der VOB in deren Teil B, § 14, Nr.1, geregelt. Die Voraussetzungen der Prüfbarkeit sind in § 14, Nr.1, Satz 2, festgehalten.

Zusammenfassend hat der Auftragnehmer die Rechnungen übersichtlich aufzustellen und dabei die Reihenfolge der Posten einzuhalten und die in den Vertragsbestandteilen enthaltenen Bezeichnungen zu verwenden. Spiegelbildlich sind die beim Einheitspreisvertrag aufzustellenden prüfbaren Schlussrechnungen in Übereinstimmung mit den Vertragsgrundlagen zu stellen. Diese ergeben sich aus dem Leistungsverzeichnis im Sinne von § 9 VOB/A.

Der Auftraggeber muss ohne Schwierigkeiten in der Lage sein, Vergleiche zu ziehen, da bei der Prüfung die entsprechenden Posten bzw. Positionen zu finden und die nach § 9 VOB/A aufgestellten Leistungsbeschreibungen im wesentlichen in der aufgestellten Rechnung vorhanden sein müssen. Bei zusätzlichen Leistungen oder bei Veränderungen nach Vertragsabschluss im Zuge der Baudurchführung, sind gesonderte Rechnungen nicht zu empfehlen. Diese Positionen sollten ebenfalls in der Schlussrechnung dargestellt werden.

In dieser Schlussrechnung müssen die zusätzlichen Arbeiten und Leistungen sichtbar getrennt von der Abrechnung der bisherigen vertraglichen Leistungen hervorgehoben sein. In § 14, Nr. 1, Satz 3, VOB/B wird geregelt, dass Änderungen und Ergänzungen des Vertrages in der Rechnung besonders kenntlich zu machen sind und eine einzige Rechnung dem Auftraggeber vorgelegt wird.

Die nach § 14, Nr.1, VOB/B ausgerichteten Anforderungen an die Prüfbarkeit für Rechnungen gelten auch für den nach dem BGB zu beurteilenden Bauvertrag.

Nach einem VOB-Vertrag (§ 14, Nr. 3, VOB/B) hat der Auftragnehmer die Verpflichtung, die Schlussrechnung spätestens innerhalb bestimmter Fristen nach Feststellung seiner Vertragsleistung dem Auftraggeber einzureichen.

Verletzt der Auftragnehmer seine Pflicht zur fristgerechten Vorlage der Schlussrechnung, so schadet er sich selbst, da seine Forderung nicht fällig werden kann.

Im Gegensatz dazu ist es beim BGB-Bauvertrag dem Auftragnehmer selbst überlassen, wann er die Schlussrechnung nach erfolgter Abnahme (§ 641 BGB) einreicht, und im Gegensatz zum VOB-Vertrag ist die Schlussrechnung nicht bereits nach Fertigstellung vorzulegen. Der Auftragnehmer hat hier das Risiko der Verjährungseinrede des Auftraggebers, da seine Forderung mit der Abnahme fällig wird, unabhängig von der Einreichung der Schlussrechnung.

Prüfbare Rechnungen

Für den Fall, dass der Auftragnehmer seine Pflicht zur fristgerechten Einreichung der Rechnung nicht erfüllt, gibt die VOB in Teil B, § 14, Nr. 4, dem Auftraggeber das Recht, unter den dort näher geregelten Voraussetzungen die prüfbare Rechnung selbst aufzustellen. Der Auftraggeber kann in solchen Fällen sich selbst die Rechnung schreiben. Voraussetzung für die Selbstaufstellung der prüfbaren Rechnung durch den Auftraggeber ist der Ablauf der für die Rechnungsvorlage maßgebenden Frist nach § 14, Abs. 3, VOB/B, wenn es sich um die Schlussrechnung handelt oder wenn eine entsprechende Vereinbarung auch für eine Teilschlussrechnung getroffen ist. Voraussetzung kann aber auch die Setzung einer angemessenen Frist zur Einreichung der Rechnung und der fruchtlose Ablauf dieser Frist sein.

Fälligkeit

Da besonders im Bereich des Baunebengewerbes BGB-Bauverträge nicht selten sind, muss nochmals hervorgehoben werden, dass dann die erfolgte Abnahme Voraussetzung für die Fälligkeit der Schlusszahlung ist.

Der VOB-Vertrag setzt für die Fälligkeit der Schlussvergütung nicht nur die Einreichung der prüfbaren Schlussrechnung voraus. Er gibt dem Auftraggeber auch grundsätzlich die Gelegenheit zur Prüfung der Schlussrechnung binnen zwei Monaten, gerechnet ab Einreichung der Rechnung. Nach Ablauf dieser zwei Monate ist die Schlusszahlung auch dann fällig, wenn der Auftraggeber die Prüfung noch nicht vorgenommen oder beendet hat, obwohl dies zumutbar gewesen wäre. Ist die Prüfung bereits vorher beendet, so ist schon dann die Fälligkeit gegeben.

Ist die Beendigung der Prüfung auch nach Ablauf von zwei Monaten für den Auftraggeber aus objektiv anzuerkennenden Gründen nicht möglich, so verschiebt sich die Fälligkeit auf einen angemessenen Zeitpunkt über zwei Monate hinaus. Allerdings ist dann der unbestrittene Teil der Abrechnung – als Abschlagszahlung – bereits fristgemäß zu zahlen. Dies ergibt sich aus § 16, Nr. 3, Abs.1, VOB/B. Im Einzelfall können dem Auftragnehmer neben dem reinen Zahlungsanspruch auch Zinsansprüche zustehen.

Bei einem VOB-Vertrag, aber nicht bei einem BGB-Bauvertrag, kann es im Rahmen der Schlusszahlung zu schweren Folgen zulasten des Auftragnehmers kommen. Es wird verwiesen auf § 16, Nr. 3, Abs. 2, VOB/B.

Es ist durchaus Praxis, dass der Auftragnehmer in seiner Schlussrechnung einen oder mehrere Schlussposten vergessen oder nicht angesetzt hat.

Es kommt auch häufiger vor, dass der Auftraggeber nicht den vollen Betrag der Schlussrechnung an den Auftragnehmer zahlt, sondern aus diesem oder jenem Grunde weniger oder – wegen angeblicher Überzahlung – nicht den geforderten Rechnungsbetrag überweist.

Vorbehalte

Der Auftragnehmer hat in solchen Fällen binnen zwölf Werktagen nach Eingang der Schlusszahlung seine Vorbehalte zu erklären, da ihm sonst durch eine erfolgte Schlusszahlung diese noch nicht ausgeglichenen Ansprüche verlustig gehen können.

Im Begriff der Schlusszahlung liegt insofern Sinn und Zweck, dass der Auftraggeber die letzte Zahlung aus dem Vertrag zu zahlen hat und dann nicht mehr weiter zahlen will. Aus diesem Grunde verlangt § 16, Nr. 3, Abs. 2, VOB/B eine deklarierte, d.h. auch so gekennzeichnete Schlusszahlung. Die vorbehaltslose Annahme der Schlusszahlung schließt Nachforderungen aus.

Nach § 16, Nr. 3, Satz 5, VOB/B reicht es grundsätzlich nicht aus, wenn der Auftragnehmer innerhalb der genannten Frist von zwölf Werktagen den erforderlichen Vorbehalt erklärt. Dieser wird vielmehr hinfällig, wenn nicht innerhalb von weiteren 24 Werktagen eine prüfbare Rechnung über die vorbehaltene Forderung eingereicht oder, wenn dies nicht möglich ist, der Vorbehalt eingehend begründet wird.

2.10 Sicherheitsleistung

Einbehalt

Die Leistung einer Sicherheit setzt eine besondere vertragliche Regelung voraus. Dies ergibt sich aus § 17, Nr.1, Abs.1, VOB/B. Am häufigsten kommt es vor, dass der Auftraggeber einen gewissen Geldbetrag einbehält bzw. die Hinterlegung von Geld durch den Auftragnehmer sowie durch eine Bürgschaft eines im Inland zugelassenen Kreditinstitutes oder Kreditversicherers erteilt. Übliche Sicherheitsleistungen sind beim Bauvertrag sowohl die Einbehaltung von Geld als auch durch die Bürgschaft bei einer Bank. Geregelt ist dies in § 17, Nr. 6 und § 17, Nr. 4, VOB/B.

Der Auftragnehmer hat die Wahl, die Arten der Sicherheitsleistung zu treffen. Häufig findet die in § 17, Nr.6, Abs.1, VOB/B geregelte Art der Sicherheitsleistung Anwendung, wonach durch Einbehalt aus Vertragsbedingungen festgelegt ist, dass der Auftraggeber in Teilbeträgen Zahlungsverpflichtungen zurückbehält. Er darf dies bei einer jeweiligen Zahlung aber höchstens um 10 % vornehmen, und zwar nur solange, bis die vereinbarte Sicherheitssumme erreicht ist.

In diesem Fall ist die Höhe der vereinbarten Sicherheit ausschlaggebende Bemessungsgrundlage. Der Auftraggeber hat dem Auftragnehmer jeweils mitzuteilen, dass er den betreffenden Betrag einbehalten hat, also auch wie hoch der Einbehalt ist (§ 17, Nr. 6, Abs.1, Satz 2, VOB/B).

Sperrkonto

Der Auftraggeber ist nicht berechtigt, das einbehaltene Geld als zu seinem Vermögen gehörig zu betrachten und damit zu arbeiten. Die Sicherheitsleistung ist eindeutig für den Auftraggeber Fremdgeld. Der Auftraggeber hat binnen 18 Werktagen nach Mitteilung von der Einbehaltung das Geld auf ein Sperrkonto bei einem vereinbarten Geldinstitut einzuzahlen. Der Auftragnehmer ist überdies von der erfolgten Einzahlung zu benachrichtigen (§ 17, Nr. 6, Abs. 1, Satz 3, VOB/B). Die Übermittlung eines Kontoauszuges ist die dafür geeignetste Form.

Bürgschaft

Die Sicherheitsleistung erfolgt vielfach durch Bürgschaft. Voraussetzung ist die Tauglichkeit des Bürgen gemäß § 239 Abs. 1 BGB. Er muss für die zu leistende Sicherheit ein angemessenes Vermögen besitzen und seinen Gerichtsstand im Inland haben. Die selbstschuldnerische Bürgschaft ist nach § 239 Abs. 2 BGB Voraussetzung. Die Bürgschaftserklärung hat unbedingt schriftlich zu erfolgen.

Die Dauer der jeweils zu leistenden Sicherheit hängt von ihrem Zweck ab. In einem Vertrag sollte vereinbart sein, ob es sich um eine Vertragserfüllungsbürgschaft (1) oder um eine Gewährleistungsbürgschaft (2) handelt.

Bei (1) wird für den Fall abgesichert, dass der Gesamterfüllung des Vertrages nicht oder nur teilweise nachgekommen wird. Bei (2) wird für den Fall abgesichert, dass einzelnen speziellen Pflichten aus dem Vertrag nicht nachgekommen wird.

3.0 Buchführung und Abgaben des Bauunternehmers

3.1 Allgemeine Hinweise

Die Wahl der Rechtsform hat weitreichende steuerliche Konsequenzen. Es gibt keine allgemeingültige Aussage, welche Rechtsform steuerlich günstiger ist.

Ein Einzelunternehmer kann einen Gewerbebetrieb eröffnen bzw. einer freiberuflichen Tätigkeit nachgehen. Der Einzelne kann auch eine so genannte Ein-Mann-GmbH gründen.

Wenn mehrere Personen ein Unternehmen gründen wollen, so können sie sich entweder als Gesellschafter oder Mitunternehmer an einer Personengesellschaft, wie GbR, OHG oder KG beteiligen, oder eine Kapitalgesellschaft – vorrangig eine GmbH – gründen bzw. Anteile erwerben oder als Geschäftsführer in dieser Gesellschaft tätig sein.

3.2 Verpflichtungen[1]

Einzelunternehmer

Ein Einzelunternehmer hat folgende Verpflichtungen:

Als Vollkaufmann seine Firma am Ort und am Ort einer eventuellen Niederlassung zur Eintragung in das Handelsregister anzumelden.

Eine Gewerbeanmeldung vorzunehmen.

Es besteht eine Buchführungspflicht nach Handelsrecht bei jedem Vollkaufmann laut HGB und nach Steuerrecht beim Überschreiten bestimmter Grenzen lt. Abgabenordnung.

---

[1] Bei allen in diesem Kapitel 3.0 genannten Beträgen in € (Euro) handelt es sich um Wertangaben auf der Grundlage des sogenannten „Steuer-Euroglättungsgesetzes", mit dessen Hilfe der Übergang von der DM auf den € im Steuerrecht erleichtert werden sollte. In der Steuerpraxis werden einige dieser Beträge vermutlich korrektur- bzw. anpassungsbedürftig sein. Für die Aufgabe des vorliegenden Buches, ein möglichst verständlich gefasster Ratgeber für das Bauhandwerk zu sein, der den Steuerfachmann weder ersetzen will noch kann, haben solche im Einzelfall allenfalls nur geringfügigen Abweichungen jedoch keine unternehmerisch entscheidende Auswirkung.

Alle Buchführungspflichtigen haben die Gewinnermittlung durch Betriebsvermögensvergleich vorzunehmen (Bilanzierung).

Alle übrigen Unternehmer können die Gewinnermittlung mittels einer Einnahme-/Überschussrechnung vornehmen.

Der Einzelunternehmer haftet für Steuerschulden oder sonstige Schulden mit seinem gesamten Vermögen (Vollhafter).

Eine Gewerbesteuer fällt an nach Abzug eines Freibetrages bei einem Gewerbeertrag von ca. 25.000 €

Der Betriebsinhaber ist verpflichtet, eine Einkommensteuererklärung abzugeben.

Der Betriebsinhaber unterliegt als Unternehmer auch der Umsatzsteuer.

Personengesellschaft

Bei einer Personengesellschaft sind folgende Kriterien zu beachten:
Schriftlicher Gesellschaftsvertrag.

Bei einer OHG oder KG ist eine Anmeldung zum Handelsregister durch vertretungsberechtigte Personen vorzunehmen.

Gewerbeanmeldung von jedem Mitunternehmer ist erforderlich.

Gewinnermittlung durch Betriebsvermögensvergleich bzw. durch Einnahme-/Überschussrechnung.

Haftung für Steuerschulden und sonstige Schulden für jeden Gesellschafter mit seinem gesamten Vermögen und jeden Kommanditisten bis zur Höhe seiner Einlage.

Gewerbesteuerpflichtig ist die Gesellschaft mit Freibeträgen wie bei einem Einzelunternehmer.

Einkommensteuer hat jeder Mitunternehmer für seinen Anteil an den gewerblichen Einkünften der Gesellschaft aufzubringen.

Der Umsatzsteuer unterliegt die Personengesellschaft als Unternehmer.

Kapitalgesellschaft

Die Kriterien einer Kapitalgesellschaft:
Der Gesellschaftsvertrag muss notariell beurkundet sein.

Die Anmeldung zum Handelsregister erfolgt durch das vertretungsberechtigte Organ.

Eine Gewerbeanmeldung ist erforderlich.

Die Gewinnermittlung erfolgt durch Betriebsvermögensvergleich.

Die Gehälter sind bei angestellten Gesellschaftern und bei Geschäftsführern als Betriebsausgabe absetzbar.

Die Haftung für Steuerschulden und sonstige Schulden obliegt der Gesellschaft mit ihrem Vermögen, mindestens mit dem Stammkapital der Gesellschafter.

Die Kapitalgesellschaft ist gewerbesteuerpflichtig und sie hat keine Freibeträge bezüglich der Gewerbeerträge.

Der Gewinn der Gesellschaft unterliegt der Körperschaftsteuer nebst ausgeschüttete Gewinne; hinzu kommt noch eine Kapitalertragsteuer.

Der auf den einzelnen Gesellschafter entfallende Gewinnanteil ist einkommensteuerpflichtig.

Die für den Gewinnanteil von der Gesellschaft abgeführten KöSt und KESt sind bei der Einkommensteuer des einzelnen Gesellschafters anzurechnen.

Die Kapitalgesellschaft als Unternehmen ist umsatzsteuerpflichtig.

3.3 Buchführung, Bilanzierung, Gewinnermittlung

3.3.1 Buchen und Bilanzen

Eine notwendige Voraussetzung, auch für ein Kleinunternehmen, ist der Überblick über die Ertrags- und Finanzlage. Unbestritten ist es ein Aufwand, Bücher und Aufzeichnungen zu führen, wobei nicht alle Unternehmen zur Buchführung verpflichtet sind.

Buchführungspflicht

Die Buchführungspflicht ergibt sich nach dem Handelsrecht für jeden Vollkaufmann und nach dem Steuerrecht zusätzlich für Unternehmen, die bestimmte Grenzen überschreiten. Bei Gewerbetreibenden mit geringem Geschäftsumfang genügen einfache Grundaufzeichnungen.

Unternehmen, die zur Buchführung verpflichtet sind, ermitteln den Gewinn durch einen so genannten Betriebsvermögensvergleich, das heißt, es erfolgt eine Gegenüberstellung des Betriebsvermögens des Wirtschaftsjahres mit dem Betriebsvermögen am Schluss des vorangegangenen Wirtschaftsjahres. Dies erfolgt im Rahmen einer Bilanz, die zusammen mit der Gewinn- und Verlustrechnung den Jahresabschluss des Unternehmens bildet.

Vollkaufleute, die mit ihrem Unternehmen im Handelsregister eingetragen sind, sind nach dem Handelsrecht verpflichtet, Bücher zu führen und ihre Handelsgeschäfte und die Lage ihres Vermögens durch eine ordnungsgemäße Buchführung ersichtlich zu machen. Kapitalgesellschaften (darunter fällt die GmbH) sind nach ihrer Rechtsform stets Vollkaufleute, und diese haben die Verpflichtung, jährlich eine Bestandsaufnahme sowie die Aufstellung in Form einer Vermögensübersicht (Bestandsverzeichnis, Inventar) zu machen.

Steuerlich zur Buchführung verpflichtet sind Unternehmer, die nach dem Handelsrecht ohnehin dazu verpflichtet sind, sowie gewerbliche Unternehmer, die folgende Kriterien übersteigen:

Umsatz im Jahr mehr als € 260.000
Gewinn im Jahr mehr als € 25.000

Eine ordnungsgemäße Buchführung erfordert eine bestimmte Form der Bücher, und deren Inhalt muss sachlich richtig sein.

Die Eintragungen in den Geschäftsbüchern und die sonst vorgenommenen erforderlichen Aufzeichnungen müssen vollständig, richtig, zeitgerecht und geordnet vorgenommen werden. Die Eintragungen in den Büchern sollen zeitnah erfolgen und es ist erforderlich, dass Kasseneinnahmen und -ausgaben täglich durch Eintragungen nachgewiesen werden.

Es wird verlangt, dass zu jedem Zeitpunkt auch für zurückliegende Zeiträume, ohne großen Aufwand der jeweilige Geschäftsvorfall bis zum Beleg zurückverfolgt werden kann. Die Buchführung muss so gehandhabt werden, dass sie für einen sachverständigen Dritten, zum Beispiel für einen Betriebsprüfer des Finanzamtes, innerhalb einer sehr kurzen Zeit einen Überblick über die Geschäftsvorfälle und über die Lage des Unternehmens vermittelt.

Geschäftsbilanz

Neben der Buchführungspflicht ist die Bedeutung der Geschäftsbilanz hervorzuheben, für die auf den Tag der Betriebseröffnung die so genannte Eröffnungsbilanz und zum Ende eines jeden Geschäftsjahres eine Schlussbilanz erstellt werden muss.

Das Geschäfts- bzw. Wirtschaftsjahr ist im Prinzip das Kalenderjahr. Unter ganz bestimmten Voraussetzungen kann auch ein vom Kalenderjahr abweichendes Wirtschaftsjahr gewählt werden. Dies trifft beispielhaft für Unternehmen in der Landwirtschaft zu.

Eine Bilanz hat folgende Gliederungsvorschriften, die für große und mittlere Kapitalgesellschaften verpflichtend sind. Diese Gliederung ist jedoch für alle anderen Unternehmen, also auch für Kleinunternehmer, dringend zu empfehlen:

Aktiva	Passiva
A. Anlagevermögen	A. Eigenkapital
– Immaterielle Vermögensgegenstände	B. Rückstellungen
– Sachanlagen	
– Finanzanlagen	C. Verbindlichkeiten
B. Umlaufvermögen	D. Rechnungsabgrenzungsposten
– Vorräte	
– Forderungen	
– Wertpapiere	
– Schecks, Kassenbestand, Bankguthaben	
C. Rechnungsabgrenzungsposten	

In der Regel ist für kleine Kapitalgesellschaften ein Zeitraum von sechs Monaten nach Ablauf des Wirtschaftsjahres für die Bilanzerstellung vorgeschrieben.

3.3.2 Gewinn- und Verlustrechnung

Neben der Bilanz ist eine Gegenüberstellung der Erträge und Aufwendungen des Geschäftsjahres (Gewinn- und Verlustrechnung) zum Jahresabschluss des Unternehmens notwendig. Wie die Bilanz wird die Gewinn- und Verlustrechnung aus der Buchführung entnommen. Ein Gliederungsschema gilt nur bei Kapitalgesellschaften, jedoch wird dieses Regelprinzip von allen Unternehmensformen wie folgt in der Praxis angewandt:

- Umsatzerlöse.
- Erhöhung oder Verminderung des Bestandes an fertigen und unfertigen Erzeugnissen.
- Sonstige betriebliche Erträge.
- Materialaufwand:
  Aufwendungen für Roh-, Hilfs- und Betriebsstoffe und für bezogene Waren sowie Aufwendungen für bezogene Leistungen.
- Personalaufwand:
  Löhne und Gehälter, soziale Abgaben, Aufwendungen für Altersversorgung.
- Abschreibungen.
- Sonstige betriebliche Aufwendungen.
- Erträge aus Beteiligungen.
- Sonstige Zinsen und ähnliche Erträge.
- Zinsen und ähnliche Aufwendungen.
- Außerordentliche Erträge.
- Außerordentliche Aufwendungen.
- Jahresüberschuss/Jahresfehlbetrag.

Jeder steuerpflichtiger Unternehmer ist verpflichtet, Unterlagen wie Handelsbücher, Belege usw., welche für die Besteuerung von Bedeutung sind, zehn Jahre geordnet aufzubewahren.

3.4 Keine Buchführungs- und keine Bilanzierungspflicht

Unternehmer, die nicht zur Buchführung verpflichtet sind, dürfen den Gewinn in vereinfachter Form als Überschuss der Betriebseinnahmen über die Betriebsausgaben ermitteln. Dies erfolgt im Rahmen einer so genannten Einnahme-/Überschussrechnung.

Grundsätzlich gilt das so genannte Zufluss-/Abflussprinzip. Das heißt, die Einnahmen werden im Jahr des Zahlungszuflusses, die Ausgaben im Jahr des Zahlungsabflusses berücksichtigt.

Eine Ausnahme hiervon ist die Anschaffung von Anlagegütern. Für die Einnahme-/Überschussrechnung sind einfache Aufstellungen erforderlich, in denen alle im Laufe des Jahres zugeflossenen Einnahmen bzw. abgeflossenen Ausgaben erfasst sind.

Zu empfehlen ist ein Journal, in dem in mehreren Spalten Einnahmen und Ausgaben nach zeitlichen und sachlichen Gesichtspunkten geordnet sind. Dabei sind die Betriebsausgaben in einer Aufgliederung nach Kostengruppen zu erfassen und für umsatzsteuerliche Zwecke müssen ohnehin die vereinbarten bzw. vereinnahmten Entgelte, getrennt nach Steuersätzen, festgehalten werden.

Neben der allgemeinen Buchführungspflicht müssen gewerbliche Unternehmer noch die folgenden besonderen Aufzeichnungspflichten beachten:

Aufzeichnung des Wareneinganges: Hierzu gehören alle Waren, einschließlich der Rohstoffe und fertigen Erzeugnisse, Hilfsstoffe und Zutaten, die der Unternehmer im Rahmen seines Betriebes benötigt. Die Aufzeichnungen sollen enthalten:

Tag des Einganges und Datum der Rechnung.
Name des Lieferers.
Handelsübliche Bezeichnung der Ware.
Preis der Ware.
Hinweis auf den Beleg.

Umgekehrt bedarf auch der auch der Warenausgang besonderer Aufzeichnung in ähnlicher Weise.

3.5 Betriebseinnahmen

Hierzu zählen alle Einnahmen in Geld oder Geldeswert, die durch den Betrieb veranlasst und auch eingenommen sind. Hinzu kommen auch Einnahmen aus der Veräußerung von Wirtschaftsgütern des Anlagevermögens. Bei der Einnahme-/Überschussrechnung werden auch vereinnahmte Umsatzsteuerbeträge als Betriebseinnahmen aufgenommen.

Betriebsausgaben sind alle Aufwendungen, die durch den Betrieb veranlasst sind.

Abschreibungen für bewegliche Wirtschaftsgüter (bei einem Wert bis 410 €) dürfen nicht sofort in voller Höhe als Betriebsausgabe abgezogen werden. Die jährliche Abzugsfähigkeit ist nur in Höhe der steuerrechtlich festgelegten Nutzungsdauer für das jeweilige Wirtschaftsgut möglich.

Bei der Abschreibung von Gebäuden (§ 7 EStG) ist zu beachten, dass nur die Baulichkeiten und nicht der zugehörige Grund und Boden abschreibungsfähig sind.

Die private Entnahme von Wirtschaftsgütern ist gesondert zu erfassen und zu versteuern und gleich zu behandeln wie bei einem Verkauf an Dritte.

Im Falle, dass Unternehmer mit ihren Angehörigen Arbeitsverträge abschließen, werden diese steuerrechtlich nur dann anerkannt, wenn sie ernsthaft vereinbart sind und auch vertragsgemäß durchgeführt werden. Es ist zu empfehlen, diese Verträge schriftlich abzuschließen.

3.6 Steuerarten des Unternehmers

3.6.1 Einkommensteuer

Die Einkommensteuer ist die Steuer, die auf das in einem Kalenderjahr erzielte Einkommen zu entrichten ist. Hierzu gehört auch der Gewinn aus einem Gewerbebetrieb. Bei einem vom Kalenderjahr abweichenden Wirtschaftsjahr gilt für den Unternehmer der Gewinn bzw. der Verlust des Wirtschaftsjahres,
das im Kalenderjahr für seine persönliche Steuererklärung endet.

Bei Personengesellschaften gelten folgende steuerliche Grundsätze:

Personengesellschaften unterliegen grundsätzlich nicht der Einkommensbesteuerung. Steuerpflichtig sind hier die einzelnen Gesellschafter im Rahmen ihrer persönlichen Einkommensbesteuerung entsprechend ihres Anteils am Gewinn der Personengesellschaft. Daher muss für die Personengesellschaft eine Erklärung zur einheitlichen und gesonderten Feststellung des Gewinns aus Gewerbetrieb abgegeben werden.

Das zuständige Finanzamt stellt daraufhin mit einem Bescheid den Gewinn aus Gewerbebetrieb für die Personengesellschaft und die jeweiligen Anteile der Gesellschafter am Gewinn fest und teilt diesen Gewinnanteil dem jeweiligen Wohnsitzfinanzamt der beteiligten Gesellschafter mit.

Zu den gewerblichen Einkünften des Mitunternehmers gehören außer seinem eigentlichen Gewinnanteil gegebenenfalls auch die Vergütungen, die er von der Gesellschaft für seine Tätigkeit im Dienst der Gesellschaft, für die Hingabe von Darlehen oder für die Überlassung von Wirtschaftsgütern bezogen hat. Andererseits mindern Ausgaben, die der einzelne Mitunternehmer wegen seiner Mitunternehmerstellung persönlich tragen musste, seinen Gewinnanteil als so genannte "Sonderbetriebsausgaben".

Die Einkommensteuererklärung muss grundsätzlich mit Ablauf des Veranlagungszeitraums (Kalenderjahr) abgegeben werden.

Eine Verpflichtung zur Einkommensteuererklärung besteht nach Ablauf eines Kalenderjahres, falls der Betreffende unter Anderem Arbeitslohn und daneben andere Einkünfte von mehr als € 410 bezogen hat. Oder auch, wenn er keinen Arbeitslohn bezogen hat, jedoch der Gesamtbetrag der Einkünfte mehr als 6.957 € und bei Ehegatten mehr als 13.914 € betragen hat. Diese zunächst auf die Steuerjahre 2000 und 2001 bezogene Regelung kann auch für die nachfolgenden Jahre als Orientierungshilfe gelten.

Falls keine Verpflichtung zur Buchführung besteht, ist der Steuererklärung die Einnahme-/Überschussrechnung beizufügen.

Das Finanzamt setzt die Einkommensteuer durch einen Einkommensteuerbescheid fest. Fällig wird die Einkommensteuer einen Monat nach Bekanntgabe des Steuerbescheides, soweit die Steuerschuld nicht schon durch Vorauszahlungen oder andere Anrechnungsbeträge ausgeglichen ist.

Die einkommensteuerliche Belastung ist je nach der wirtschaftlichen Leistungsfähigkeit der Steuerzahler unterschiedlich. Höhere Einkommen unterliegen einer vergleichsweise höheren Einkommensteuerbelastung als niedrigere Einkommen (Progressionswirkung).

Grundfreibetrag

Der Grundfreibetrag zur Steuerfreistellung des Existenzminimums betrug im Steuerjahr 2000 für Ledige 6.902 € und für Verheiratete 13.804 €. Es ist anzunehmen, dass die Grundfreibeträge in den nächsten Jahren durch Erlass des Finanzministers geändert werden.

Nach der steuerlichen Anmeldung werden vom Finanzamt aufgrund der Angaben des Unternehmers zu den voraussichtlichen Einkünften des laufenden und des folgenden Kalenderjahres die Einkommensteuervorauszahlungen jeweils zum 10. März, 10. Juni, 10. September und 10. Dezember festgesetzt und sind sie zu den genannten Terminen spätestens zu entrichten.

Verlustausgleich

Besonders in den ersten Jahren, vor allem im ersten Jahr der unternehmerischen Tätigkeit, kommt es vor, dass die Ausgaben die Einnahmen übersteigen und somit Verluste entstehen. In solchen Fällen ist die baldige Abgabe der Steuererklärung besonders wichtig. Denn im Regelfall sind Verluste mit positiven Einkünften verrechenbar. Das trifft natürlich dann nicht zu, wenn erkennbar keine Aktivitäten ergriffen werden, um die negative Ertragssituation umzukehren, und davon ausgegangen werden muss, dass persönliche Gründe für die Aufrechterhaltung des Verlustbetriebes maßgeblich sind!

Ein Verlustausgleich erfolgt zuerst mit positiven Einkünften der gleichen Einkommensart, danach mit den übrigen positiven Einkünften des gleichen Kalenderjahres.

Für verbleibende, nicht ausgeglichene Verluste kommt es entweder zum so genannten Verlustrücktrag oder es kann ein Verlustvortrag in die Folgejahre beantragt werden (§ 10 d Abs. 1 und 2 EStG). Zusätzlich zur Einkommensteuer fällt seit 1995 ein Solidaritätszuschlag in Höhe von 5,5 % der Einkommensteuer an. Veranlagte Vorauszahlungen auf den Solidaritätszuschlag sind gleichzeitig mit den Einkommensteuervorauszahlungen zu entrichten.

Im Falle, dass der Unternehmer der evangelischen, römisch-katholischen oder alt-katholischen Kirche angehört, muss zur Einkommensteuer auch Kirchensteuer entrichtet werden. Diese beträgt meist 9 %, in Berlin 10 %, der festgesetzten Einkommensteuer, kann aber in den einzelnen Bundesländern abweichend festgesetzt sein.

3.6.2 Lohnsteuer

Bei Arbeitnehmern wird die vom Arbeitslohn zu zahlende Einkommensteuer im Wege des Abzugs vom Arbeitslohn als Lohnsteuer erhoben.

Der Arbeitgeber hat die einbehaltene Lohnsteuer, den Solidaritätszuschlag und gegebenenfalls die Kirchensteuer regelmäßig, spätestens am 10. Tag nach Ablauf eines jeden Lohnsteueranmeldungszeitraums, auf amtlich vorgeschriebenem Vordruck beim Finanzamt anzumelden und gleichzeitig die insgesamt einbehaltenen Beträge abzuführen. Nach dem Solidaritätszuschlaggesetz, geändert durch Gesetz vom 21.11.1997 (BStBl. I S. 967), ist dies eine Ergänzungsabgabe von allen Einkommensteuerpflichtigen und von allen Körperschaftsteuerpflichtigen ab 1998 in Höhe von 5,5 %

- der nach § 51 a Abs. 2 EStG berechneten positiven ESt,
- der festgesetzten veranlagten positiven KSt,
- der Vorauszahlung zur ESt und KSt,
- der nach § 51 a Abs. 2 a EStG berechneten Lohnsteuer,
- der Kapitalertrag- oder Zinsabschlagsteuer,
- des Steuerabzuges nach § 50 a EStG.

Im Fall, dass der Unternehmer an Arbeitnehmer Kindergeld auszahlt, sind die ausgezahlten Beträge von der Summe der einzubehaltenden Lohnsteuer abzuziehen und bei der nächsten Lohnsteueranmeldung gesondert anzugeben.

Grundlage des Lohnsteuerabzuges bilden die auf der Lohnsteuerkarte eingetragenen Besteuerungsmerkmale. Die Lohnsteuerkarte hat der Arbeitnehmer zu Beginn des Arbeitsverhältnisses vorzulegen. In dem für jeden Arbeitnehmer zu führenden Lohnkonto sind bei jeder Lohnzahlung Art und Höhe des steuerpflichtigen und steuerfreien Arbeitslohnes sowie die einbehaltenen Steuerabzugsbeträge und die einbehaltenen Sozialversicherungsbeträge einzutragen.

Das Lohnkonto ist bei Beendigung des Arbeitsverhältnisses oder am Ende des Kalenderjahres abzuschließen. Das Lohnkonto ist bis zum Ablauf des 10. Jahres, das auf die zuletzt eingetragene Lohnzahlung folgt, aufzubewahren.

Schuldner der Lohnsteuer ist der Arbeitnehmer. Der Arbeitgeber ist jedoch für die ordnungsgemäße Einbehaltung und Abführung der

Lohnsteuer verantwortlich. Stellt das Finanzamt bei einer Prüfung fest, dass Lohnsteuer zu niedrig einbehalten wurde, so kann es den Arbeitgeber oder unmittelbar den Arbeitnehmer für die Fehlbeträge in Anspruch nehmen.

3.6.3 Erbschaftsteuer/Schenkungsteuer

Die Erbschaftsteuer wird als Erbanfallsteuer erhoben. Steuerpflichtig ist das, was einer natürlichen oder juristischen Person aus dem Nachlass eines Erblassers zufällt.

Die Schenkungsteuer ergänzt die Erbschaftsteuer. Sie ist notwendig, damit die Erbschaftsteuer für den künftigen Erbübergang nicht durch Schenkungen unter Lebenden umgangen werden kann.

Erbschaftsteuerpflichtig ist der Erwerb von Todes wegen, sofern der Erblasser zur Zeit seines Todes oder der Erwerber zur Zeit der Entstehung der Steuer Inländer war. Für den Erwerb eines Nichtinhabers aus dem Nachlass eines Nichtinländers tritt Steuerpflicht ein, sobald der Erwerb aus Inlandsvermögen im Sinne des Bewertungsgesetzes besteht.

Schenkungssteuerpflichtig ist jede freigebige Zuwendung unter Lebenden, sofern der Schenker oder der Beschenkte Inländer ist.

Besteuerungsgrundlage ist sowohl bei der Erbschaftsteuer als auch bei der Schenkungsteuer der steuerpflichtige Erwerb. Als steuerpflichtiger Erwerb gilt die Bereicherung des Erwerbers, soweit sie nicht steuerfrei ist. Die einzelnen Vermögensgegenstände werden mit dem Wert angesetzt, der sich für sie nach dem Bewertungsgesetz ergibt.

Grundbesitz (§ 19 Bewertungsgesetz) ist mit dem Grundbesitzwert anzugeben, der nach dem neuen § 138 ff. Bewertungsgesetz auf den Zeitpunkt der Entstehung der Steuer festgestellt wurde.

Beim Erwerb durch Erbanfall sind zur Ermittlung des steuerpflichtigen Erwerbs außer den Erblasserschulden auch die Verbindlichkeiten aus Vermächtnissen, Auflagen, geltend gemachten Pflichtteilen und Erbersatzansprüchen abzugsfähig.

Welcher Freibetrag dem jeweiligen Erwerber zusteht, richtet sich nach seiner Steuerklasse. Das Erbschaftsteuer- und Schenkungsteuergesetz unterscheidet nach dem Verwandtschaftsverhältnis des Erwerbers zum Erblasser (Schenker) die folgenden drei Steuerklassen:

Steuerklasse I
Gilt für den Ehegatten und für die Kinder des Erblasser sowie für Kinder verstorbener Kinder. Kinder lebender Kinder sowie Eltern bei Erwerb von Todes wegen.

Steuerklasse II
Gilt für Eltern und Voreltern, soweit sie nicht zur Steuerklasse I gehören, Geschwister, Geschwisterkinder, Schwiegereltern und den geschiedenen Ehegatten.

Steuerklasse III
Gilt für alle übrigen Erwerber und für Zweckzuwendungen.

Jedem Erwerber steht ein persönlicher Freibetrag zu. Er beträgt bei:
Steuerklasse I
Ehegatten	307.000 €
Kinder	206.000 €
Enkelkinder	51.500 €
Eltern bei Erwerb im Todesfall	51.500 €
Steuerklasse II	10.226 €
Steuerklasse III	5.113 €

Daneben wird dem überlebenden Ehegatten und den Kindern bis zum vollendeten 27. Lebensjahr noch ein Versorgungsfreibetrag zugestanden. Dieser beträgt:
255.650 € für den überlebenden Ehegatten und zwischen
 51.500 € für Kinder bis zu 5 Jahren und
 10.226 € für Kinder zwischen 20 und 27 Jahren.

Es gibt dann auch noch einen Freibetrag für den Erwerb von Hausrat usw.

3.6.4 Körperschaftsteuer

Die Körperschaftsteuer wird vom Einkommen juristischer Personen (insbesondere Kapitalgesellschaften, wie z.B. eine GmbH) erhoben.

Die Körperschaftsteuer ist Einkommensteuer juristischer Personen nebeneinander. Ein von einer Kapitalgesellschaft erwirtschafteter Gewinn rechnet daher zur Bemessungsgrundlage für die Körperschaftsteuer der Kapitalgesellschaft und wird im Ausschüttungsfall zur Bemessungsgrundlage für die Körperschaft- und Kapitalertragsteuer.

Die Körperschaftsteuer und die Besteuerung der Anteilseigner ist ab 2001 grundsätzlich neu geregelt. Anstelle des Anrechnungsverfahrens wird das klassische Verfahren eingeführt. Die damit verbundene Doppelbelastung wird durch zwei Vorschriften abgemildert: Der Körperschaftsteuersatz sinkt von 40 %/30 % auf 25 % (§ 23 Abs. 1 KStG). Die ausgeschütteten Gewinne werden bei einem Anteilseigner, der eine natürliche Person ist, nur mit der Hälfte im Rahmen der Einkommensteuer erfasst (Halbeinkünfteverfahren), und zwar durch die Freistellung der Hälfte der Ausschüttung (§ 3 Nr. 40 d EStG). Ist der Anteilseigner eine Kapitalgesellschaft, ist die Dividende in voller Höhe steuerfrei.

Auch der Körperschaftsteuerbescheid wird durch das Finanzamt ausgefertigt und die Körperschaftsteuer festgesetzt. Fällig wird die Körperschaftsteuer einen Monat nach Bekanntgabe des Steuerbescheides, sofern die Steuerschuld nicht schon durch Vorauszahlung oder andere Anrechnungsbeträge ausgeglichen ist.

3.6.5 Gewerbesteuer

Für die Behandlung der Steuern für Kleinunternehmen ist die Gewerbesteuer von außerordentlicher Bedeutung.

Die Gemeinden sind berechtigt, von jedem Gewerbebetrieb – soweit er im Inland betrieben wird – eine Gewerbesteuer als Gemeindesteuer zu erheben.

Steuerschuldner der Gewerbesteuer sind die Unternehmer und die Besteuerungsgrundlage ist der Gewerbeertrag. Der Gewerbeertrag ist der Gewinn aus dem Betrieb, vermehrt und vermindert um bestimmte Zu- und Abrechnungen.

Freibeträge haben natürliche Personen und Personengesellschaften bei einem Gewerbeertrag bis 24.542 €.

Kapitalgesellschaften erhalten keinen Freibetrag.

Der Messbetrag nach dem Gewerbeertrag wird durch Anwendung so genannter Steuermesszahlen auf den Gewerbeertrag errechnet.

Für Gewerbebetriebe, die von natürlichen Personen und Personengesellschaften betrieben werden, betragen die Steuermesszahlen
für die ersten   12.271 € = 1 % des Gewerbeertrages,
für die weiteren   12.271 € = 2 % des Gewerbeertrages,
für die weiteren   12.271 € = 3 % des Gewerbeertrages,
für die weiteren   12.271 € = 4 % des Gewerbeertrages,
für alle weiteren   12.271 € = 5 % des Gewerbeertrages.

Dieser Gewerbeertrag ist ermittelt nach Abzug eines Freibetrages von 24.542 €. Für Kapitalgesellschaften beträgt die Steuermesszahl einheitlich 5 % des Gewerbeertrages.

Die Summe der Steuermessbeträge nach dem Gewerbeertrag bildet den so genannten einheitlichen Steuermessbetrag.

Die festzusetzende Gewerbesteuer ist in den Gemeinden unterschiedlich, und sie erfolgt durch Multiplikation der für alle Unternehmen einheitlich festzusetzenden Hebesätze mit dem einheitlichen Gewerbesteuermessbetrag. Hieraus ergibt sich dann die festzusetzende Gewerbesteuer. In Berlin beträgt der Hebesatz derzeit zum Beispiel 410 %.

Das Finanzamt setzt die Gewerbesteuer durch Gewerbesteuerbescheide fest, und fällig wird die Gewerbesteuer ebenfalls einen Monat nach Erteilung des Steuerbescheides, soweit sie nicht bereits durch Vorauszahlungen ausgeglichen ist.

3.6.6 Umsatzsteuer

Die Umsatzsteuer – auch Mehrwertsteuer genannt – ist in ihrer wirtschaftlichen Wirkung eine allgemeine Verbrauchsteuer, mit der grundsätzlich der gesamte private und öffentliche Verbrauch belastet ist. Sie unterscheidet sich von der Einkommen- bzw. Lohnsteuer, die auf die individuelle Leistungsfähigkeit des einzelnen Steuerpflichtigen Rücksicht nehmen. Als Verbraucherabgabe ist die Umsatzsteuer darauf angelegt, dass sie wirtschaftlich vom Konsumenten getragen wird. Technisch wäre es jedoch nicht möglich, die Umsatzsteuer beim Verbraucher zu erheben, und daher ist Schuldner der Umsatzsteuer der Unternehmer, der einen Umsatz ausführt. Ihm obliegt es, die Umsatzsteuer auf die Empfänger seiner Leistungen als Bestandteil der Preise durchzugeben.

Der Umsatzsteuer unterliegen unter Anderem:

– Lieferungen und sonstige Leistungen, die im Inland gegen Entgelt im Rahmen des Unternehmens ausgeführt werden,
– der Eigenverbrauch im Inland, das heißt wenn aus dem Unternehmen für private Zwecke Gegenstände entnommen werden.

Der Steuersatz für steuerpflichtige Umsätze beträgt gegenwärtig 16 %. Für einige Umsätze ermäßigt sich der Steuersatz auf 7 %. Zu diesen Umsätzen gehören zum Beispiel Lieferungen von bestimmten Nahrungsmitteln, Druckerzeugnissen und Kulturgegenständen.

Eine Reihe von Umsätzen ist unter bestimmten Voraussetzungen von der Umsatzsteuer (§ 4 UStG) befreit. Dazu gehören:

Lieferungen in das Ausland,
Umsätze aus der medizinischen Tätigkeit,
Umsätze aus der Tätigkeit als Versicherungsvertreter,
Umsätze aus der Vermietung und Verpachtung sowie aus dem Verkauf von Grundstücken.

Vielfach machen die Unternehmen die Umsatzsteuer offenkundig, indem sie diese in ihrer Rechnung bei steuerpflichtigen Umsätzen gesondert ausweisen. In Rechnungen an andere Unternehmer sind sie zum Steuerausweis verpflichtet.

Weil die Umsatzsteuer vom Konsumenten auf dem Umweg über den Unternehmer erhoben wird, zählt sie zu den indirekten Steuern.

Überschreitet der Jahresumsatz im vorangegangenen Kalenderjahr einschließlich Umsatzsteuer (= Bruttoumsatz) nicht mehr als 16.361 € und im laufenden Wirtschaftsjahr voraussichtlich nicht mehr als 51.500 €, so kann der Unternehmer die so genannte Kleinunternehmerregelung in Anspruch nehmen. In diesem Fall wird die Umsatzsteuer nicht erhoben, jedoch kann dann auch keine Vorsteuer geltend gemacht werden!

Die Sonderregelung für Kleinunternehmer kann sich wegen der Versagung des Vorsteuerabzuges unter Umständen, zum Beispiel bei größeren Investitionen, ungünstig auswirken. Es ist daher möglich, auf die Anwendung der Kleinunternehmerregelung zu verzichten und die normale Besteuerung – mit Vorsteuerabzug – zu wählen. Eine entsprechende Verzichtserklärung bindet den Unternehmer allerdings für fünf Jahre.

Bei der Ausstellung von Rechnungen hat der Unternehmer auf Verlangen des Anderen die Verpflichtung, die Umsatzsteuer gesondert auszuweisen. Und grundsätzlich soll eine Rechnung enthalten:

Name und Anschrift des leistenden Unternehmers,
Name und Anschrift des Leistungsempfängers,
Menge und handelsübliche Bezeichnung des Gegenstandes oder Art und Umfang der Leistung,
Zeitpunkt der Lieferung oder sonstigen Leistung,
Entgelt für die Lieferung oder sonstige Leistung,
Steuersatz, den auf das Entgelt entfallenden Steuerbetrag.

Haben andere Unternehmer Lieferungen oder sonstige Leistungen ausgeführt, so kann grundsätzlich die in den Rechnungen des betreffenden Unternehmers ausgewiesene Umsatzsteuer als Vorsteuer von der Umsatzsteuer abgezogen werden. Es wird verwiesen auf § 15 UStG.

Der Vorsteuerabzug kann jedoch gegebenenfalls ausgeschlossen sein, zum Beispiel dürfen bei steuerfreien Umsätzen die dazugehörigen Vorsteuern grundsätzlich nicht abgezogen werden.

Die Umsatzsteuer entsteht grundsätzlich mit Ablauf des Voranmeldungszeitraumes, in dem die Lieferungen oder sonstigen Leistungen ausgeführt worden sind. Nach Ablauf des Voranmeldungszeitraumes muss sie auf amtlichem Vordruck angemeldet und an das zuständige Finanzamt abgeführt werden. Es kommt dabei regelmäßig nicht darauf an, ob der Vertragspartner bereits gezahlt hat (Besteuerung nach vereinbarten Entgelten = Soll-Versteuerung).

Der Unternehmer kann beim zuständigen Finanzamt beantragen, dass die Besteuerung nach vereinnahmten Entgelten (Ist-Versteuerung) vorgenommen wird. Bei der Besteuerung nach vereinnahmten Entgelten muss der Unternehmer die Umsatzsteuer erst für den

Voranmeldungszeitraum anmelden, in dem das Entgelt für die Lieferungen oder sonstigen Leistungen eingegangen ist.

Die Besteuerung nach vereinnahmten Entgelten (§ 20 UStG) kann beantragt werden, wenn:

- der Gesamtumsatz im Jahr nicht mehr als 127.823 € beträgt,
- der Unternehmer von der Buchführungspflicht nach § 148 Abgabenordnung befreit worden ist,
- es sich um freiberuflich Tätige handelt.

Anzahlungen müssen sowohl bei der Ist- als auch bei der Soll-Versteuerung sofort versteuert werden.

Die Unternehmer sind verpflichtet, zur Feststellung der Steuer und der Grundlagen ihrer Berechnung Aufzeichnungen zu machen. Aus den Aufzeichnungen müssen zu ersehen sein:

- die vereinbarten Entgelte für die von ihnen ausgeführten Lieferungen und sonstigen Leistungen (getrennt nach Steuersätzen und steuerfreien Umsätzen),
- die vereinnahmten Entgelte und Teilentgelte für noch nicht ausgeführte Lieferungen und sonstige Leistungen (wiederum getrennt nach Steuersätzen und steuerfreien Umsätzen),
- die Bemessungsgrundlagen für den Eigenverbrauch (getrennt nach Steuersätzen und steuerfreiem Eigenverbrauch),
- die Entgelte für steuerpflichtige Lieferungen und sonstige Leistungen, die für das Unternehmen ausgeführt worden sind.

Entgelte, Teilentgelte, Bemessungsgrundlagen, geschuldete Steuerbeträge sowie Vorsteuerbeträge sind am Schluss eines jeden Voranmeldungszeitraumes zusammenzurechnen.

Grundsätzlich muss nach Ablauf eines jeden Kalendermonats eine Umsatzsteuer-Voranmeldung (USt-VA) abgegeben werden, wenn die Jahressteuerschuld im Vorjahr mehr als 6.136 € betrug. War die Jahressteuerschuld im Vorjahr nicht höher, dann ist die Umsatzsteuer-Voranmeldung nur vierteljährlich abzugeben. Auf Antrag ist eine Jahressteuererklärung einzureichen, wenn die Steuerschuld für das vorangegangene Kalenderjahr nicht mehr als 512 € ausmachte.

3.7 Die Abgabenordnung

In den einzelnen Steuergesetzen ist geregelt, in welchen Fällen welche Steuern zu zahlen sind. Die für alle Steuern geltenden gemeinsamen Regeln sind als Allgemeines Steuerrecht in der Abgabenordnung (AO) enthalten.

Für die Besteuerung ist grundsätzlich das Finanzamt zuständig, in dessen Bezirk der Steuerpflichtige seinen Wohnsitz hat (Wohnsitzfinanzamt).

Im Falle eines Einzelunternehmens ist jedoch das Finanzamt zuständig, in dessen Bezirk sich das Unternehmen befindet (Betriebsfinanzamt).

Bei einer Personengesellschaft ist für die Betriebssteuern und die gesonderte Feststellung der Einkünfte das Betriebsfinanzamt und für die persönlichen Einkommen und gegebenenfalls für die Vermögensteuer ist das Wohnsitzfinanzamt zuständig.

Die Zuständigkeit der Finanzämter ist geregelt im § 16 ff. der Abgabenordnung (AO).

Das Finanzamt hat nicht nur die Steuern auf der Grundlage der Gesetze festzusetzen und zu erheben, sondern auch eine Fürsorgepflicht, indem es für das Unternehmen die günstigsten Umstände zu berücksichtigen hat. Der Steuerpflichtige hat allgemeine Mitwirkungspflichten, indem er die für die Besteuerung notwendigen Tatsachen schafft und vollständig und wahrheitsgemäß offen legt. Eine Verpflichtung besteht auch in der Buchführungs- und Aufzeichnungspflicht und zur Abgabe von Steuererklärungen.

Steuererklärung

Verwiesen wird auf § 85 ff. AO. Grundsätzlich sind Jahressteuererklärungen fünf Monate nach Ablauf des Kalenderjahres abzugeben (§ 149 AO). Die Frist kann in Ausnahmefällen verlängert werden. Die Steuerfestsetzung erfolgt in der Regel durch einen Steuerbescheid. Bei gesetzlich vorgeschriebenen Fällen, zum Beispiel bei Vorauszahlungen der Umsatzsteuer und Lohnsteuer, haben die Unternehmen die Steuer selbst zu berechnen und an das Finanzamt abzuführen, wobei im Allgemeinen ein Steuerbescheid nicht erteilt wird (§ 155 ff. AO).

Feststellungsbescheide dienen der gesonderten Feststellung von Besteuerungsgrundlagen (§ 179 ff. AO). Sie ergehen, wenn an Gegenständen, zum Beispiel Grundstücken oder Einkünften (Personengesellschaften) mehrere Personen beteiligt und diese Gegenstände/Einkünfte den einzelnen Personen anteilig zuzurechnen sind.

Falls keine Steuererklärungen abgegebenen werden, kann das Finanzamt im Zwangsgeldverfahren die Abgabe erzwingen oder die Besteuerungsgrundlagen schätzen (§§ 162, 328 ff. AO).

Bei verspäteter Abgabe der Steuererklärung kann das Finanzamt einen Verspätungszuschlag festsetzen, der bis zu 10 % der festgesetzten Steuer, höchstens jedoch 5.150 € betragen kann (§ 152 AO).

Steuerfestsetzung

Jeder Steuerbescheid enthält eine Rechtsbehelfsbelehrung, die unter anderem die einzuhaltende Frist für die Einlegung eines Rechtsbehelfs angibt. Gegen den Steuerbescheid kann Einspruch eingelegt werden, wenn der Unternehmer oder der Steuerpflichtige der Ansicht ist, dass bei der Steuerfestsetzung das Steuerrecht nicht zutreffend angewendet wurde.

Das Finanzamt ist dann verpflichtet, die Steuerfestsetzung auf ihre Richtigkeit zu prüfen. Dieses außergerichtliche Vorverfahren dient dazu, dem Steuerpflichtigen im Rahmen bestehender Fürsorgepflicht (s.o.) Rechtsschutz zu gewähren.

Einspruch

Der Einspruch ist innerhalb eines Monats nach Bekanntgabe des Bescheides schriftlich einzureichen oder zur Niederschrift zu erklären. Sollte eine Rechtsbehelfsbelehrung unterbleiben, so kann grundsätzlich ein Einspruch noch binnen eines Jahres nach Bekanntgabe eingelegt werden. Es besteht grundsätzlich kein Begründungszwang, jedoch ist es zu empfehlen, den Einspruch mit Gründen auszustatten.

Sollte das Finanzamt den Einspruch für unbegründet halten, entscheidet es durch schriftliche Einspruchsentscheidung. Hiergegen ist Klage vor dem Finanzgericht möglich, wobei das Einspruchsverfahren kostenfrei ist, andererseits erfolgt aber auch keine Erstattung von Kosten, die im Zusammenhang hiermit für den Unternehmer entstehen.

Durch die Einlegung eines Einspruchs ist die Vollziehung des angefochtenen Steuerbescheides nicht gehemmt, sodass die festgesetzte Steuer trotzdem bezahlt werden muss. Es kann aber beim Finanzamt beantragt werden, die Vollziehung der angefochtenen Verfügung ganz oder teilweise auszusetzen. Dem Antrag wird entsprochen, wenn ernsthafte Zweifel an der Rechtmäßigkeit des Steuerbescheides bestehen oder wenn die Vollziehung eine unbillige Härte für das Unternehmen zur Folge hätte. Die Aussetzung der Vollziehung stellt einen Zahlungsaufschub für die Dauer des Rechtsbehelfsverfahrens dar. Hat der Einspruch Erfolg, ist ihm kein Nachteil entstanden. Ist der Einspruch aber erfolglos, so wird der ausgesetzte Betrag mit 0,5 % pro Monat verzinst.

Steuerzahlung

Wird die festgesetzte Steuer nicht bis zum Fälligkeitstag gezahlt, entstehen für jeden angefangenen Monat der Säumnis kraft Gesetz (§ 218 ff. AO) Säumniszuschläge in Höhe von 1 % des geschuldeten Steuerbetrages. Nicht entrichtete Steuern können im Wege der Vollstreckung eingezogen werden. Dadurch entstehen wiederum zusätzliche Kosten.

Auf Antrag kann das Finanzamt die Steuern ganz oder teilweise stunden, das heißt, der Fälligkeitstermin wird hinausgeschoben. Einem Stundungsantrag wird entsprochen, wenn die Einziehung bei Fälligkeit eine erhebliche Härte bedeuten würde und der Anspruch durch Stundung nicht gefährdet erscheint. Für die Dauer einer gewährten Stundung werden in der Regel Zinsen in Höhe von 0,5 % pro Monat erhoben.

Nach dem § 69 ff. AO gibt es eine Haftung für Steuerschulden, bei der ein anderer mit seinem Vermögen für eine fremde Steuerschuld einstehen muss (zum Beispiel Haftung des Arbeitgebers für die Lohnsteuer des Arbeitnehmers).

3.8 Finanzierungshilfen bei einer Neugründung

Die steuerlichen Förderinstrumente sind in den Bundesländern unterschiedlich geregelt. Zu beachten ist, dass für betriebliche Investitionen in den neuen Bundesländern und in Berlin unter bestimmten Voraussetzungen Investitionszulagen gewährt werden.

In diesen Fällen werden Investitionszulagen von 5% bis 20 % für die Anschaffung oder Herstellung von neuen beweglichen, d.h. abnutzbaren Wirtschaftsgütern des Anlagevermögens gewährt. Diese Wirtschaftsgüter müssen mindestens fünf Jahre nach ihrer Anschaffung oder Herstellung im Anlagevermögen des Unternehmens verbleiben und dürfen in jedem Jahr nicht mehr als 10 % privat genutzt werden. Nicht begünstigt sind geringwertige Wirtschaftsgüter bis 410 €, Personenkraftwagen oder Luftfahrzeuge.

Ab 1999 können bei Anschaffungen und Herstellungen von Gebäuden bei Erstinvestition Förderungen beantragt werden. Bei Wohngebäuden sind auch Werterhaltungen förderungswürdig.

Für das Wirtschaftsjahr 2000 wurden begünstigt:
Betriebe des verarbeitenden Gewerbes,
Betriebe der produktionsnahen Dienstleistungen,
kleine und mittlere Handwerksbetriebe,
kleine und mittlere Betriebe des Groß- und Einzelhandels.

Besonders förderungswürdig sind mittelständische Betriebe des verarbeitenden Gewerbes und des Handwerks. Es werden zum Beispiel Erstinvestitionen in Betrieben des verarbeitenden Gewerbes (nicht mehr als 250 Arbeitnehmer) mit 20 % für die Anschaffung und Herstellung beweglicher Wirtschaftsgüter gefördert. Für andere Investitionen gibt es Investitionszulagen von 5 bis 10 %. Investitionszulagen sind steuerfrei. Anträge können innerhalb von Festsetzungsfristen der Finanzämter gestellt werden.

Das Allgemeine Steuerrecht ist in der AO vom 16. März 1976, zuletzt geändert am 10.09.1998, enthalten.

Während die einzelnen Steuergesetze regeln, in welchen Fällen welche Steuern zu zahlen sind, bestimmt die AO, in welcher Weise dies geschieht.

Es ist zu empfehlen, dass Steuerpflichtige bei der Erfüllung ihrer steuerlichen Pflichten die Hilfe Dritter in Anspruch nehmen. Die geschäftsmäßige Ausübung einer solchen Dienstleistung ist jedoch nur denjenigen Personen und Gesellschaften erlaubt, die nach den gesetzlichen Vorschriften hierzu befugt sind.

Die unbefugte Ausübung der Dienst- oder Hilfeleistung in Steuersachen ist ausdrücklich verboten. Im allgemeinen zur Steuerhilfs- und Dienstleistung befugt sind in erster Linie Steuerberater sowie die Steuerbevollmächtigten, Steuerberatungsgesellschaften, wie aber auch Rechtsanwälte, Wirtschaftsprüfer und vereidigte Buchprüfer.

4.0 Mustertexte für den Bauunternehmer

4.1 Anmeldung für ein gewerbliches Unternehmen

Der Antragsteller richtet seinen Antrag mit einem formlosen Schreiben an das Gewerbeamt der betreffenden Stadt bzw. den Bürgermeister der Gemeinde.

Er kann aber in den meisten Fällen auch persönlich vorstellig werden.

In dem Antrag müssen das auszuführende Gewerbe und der Standort benannt sein. Vorzulegen sind auch der Personalausweis sowie eventuell erforderliche besondere Genehmigungen und Nachweise, wie Handwerkskarte, Konzessionen usw.

Mit der Gewerbeanmeldung werden von der Anmeldebehörde in Kenntnis gesetzt:
– das Finanzamt,
– die Berufsgenossenschaft,
– die Handwerkskammer (bei Handwerkerberuf)
– oder die Industrie- und Handelskammer,
– das Handelsregistergericht bei Unternehmen im Sinne des Handelsgesetzbuches (HGB) zwecks Eintragung in das Handelsregister beim zuständigen Amtsgericht; Voraussetzung für diese Eintragung ist die Beglaubigung vor einem Notar.

Das Finanzamt erteilt eine Steuernummer. Mittels eines Fragebogens müssen Antworten zu künftigen Umsätzen und Gewinnen gegeben werden.

In der Baubranche besteht eine Pflichtversicherung über die zuständige Berufsgenossenschaft.

Das Arbeitsamt erteilt eine Betriebsnummer und bei der Beschäftigung von Arbeitnehmern sind diese beim Arbeitsamt zu melden.

Die Betriebsnummer ist in die Versicherungsnachweise der Arbeitnehmer einzutragen.

Bei Beschäftigten sind die zuständigen Krankenkassen oder Rentenversicherungen zu informieren.

Bei den Versorgungsunternehmen (z.B. Stadtwerke) ist der voraussichtliche Bedarf für Wasser, Strom, Gas usw. bekannt zu geben für den Abschluss entsprechender Lieferverträge. Dies gilt auch für die Entsorgung.

4.2 Bauvertrag nach VOB/B

Auftraggeber (AG)
Anschrift, Telefonnummer, Telefaxnummer,
vertreten durch
....
....
....

und

Auftragnehmer (AN)
Anschrift, Telefonnummer, Telefaxnummer,
....
....
....

für das Bauvorhaben/für die Bauleistung:
....
....
....

§ 1 Vertragsgegenstand

1.1 Der Auftragnehmer übernimmt

....
....
....

(Bauvorhaben).

1.2 Vertragsbestandteile sind:
– Auftragsschreiben,
– schriftliche Erklärungen des Bieters zum Angebot,
– Auftragsverhandlungsprotokoll,
– Leistungsbeschreibung,
– besondere Vertragsbedingungen,
– zusätzliche Vertragsbedingungen,
– Vertragsbedingungen für die Bauausführung von Bauleistungen (Werkvertrag BGB, VOB/B),
– Ausschreibungsunterlagen, Pläne, Zeichnungen.

§ 2 Vergütung

Die Vergütung wird vorläufig/wie folgt vereinbart:
– Die Einheitspreise sind Festpreise einschließlich gesetzlicher Mehrwertsteuer,
– Lohn- und Materialgleitklauseln sind – nicht – vereinbart. Falls Gleitklauseln, dann wie folgt vereinbart:
– Lohngleitklausel,
– Materialgleitklausel,
– Die Vergütung ist ein Pauschalpreis von ...
– Weiter wird vereinbart ...

§ 3 Ausführungsfristen und Haftung

Der Auftragnehmer verpflichtet sich für die Erfüllung des Vertrages wie folgt:

....
....
....

Bei Nichteinhaltung dieser Termine und Fristen ist der AG berechtigt, für jeden Arbeits-/Werktag der Überschreitung eine Vertragsstrafe zu fordern, ohne dass er einen Schadensnachweis führt.

Bei Überschreitung ist eine Vertragsstrafe in Höhe von .... € je Arbeits-/Werktag verwirkt.

Die Vertragsstrafe wird auf maximal 10 % der Auftragssumme begrenzt.

§ 4 Zahlungen

Auf Antrag des AN werden bei ordnungs- und fristgemäßer Ausführung der Arbeiten Abschlagszahlungen in Höhe von:
....
....
....

der jeweils nachgewiesenen Leistungen erbracht, und zwar zuzüglich der darauf entfallenden Mehrwertsteuern.
Zahlungen werden entsprechend dem beigefügten Zahlungsplan erbracht.
Die Restzahlung erfolgt nach Abnahme der Leistungen des AN durch den AG.

§ 5 Sicherheit

Es werden folgende Sicherheiten vereinbart:

Der AG stellt vor Beginn der Ausführungen der Bauleistungen eine Ausführungsbürgschaft in Höhe von ... %.
Der AG ist berechtigt, von der Restzahlung als Sicherheit für die Erfüllung der Gewährleistungspflichten des AN ... % der Nettoabrechnungssumme netto einzubehalten.
Der AN ist berechtigt, den Einbehalt durch Hergabe einer unbefristeten selbstschuldnerischen Bürgschaft nach § 17 VOB/B abzulösen.

§ 6 Abnahme und Gewährleistung

Es wird eine förmliche Abnahme vereinbart. Findet eine förmliche Abnahme nicht statt, sind die Leistungen des AN zwei Monate nach Erteilung der Schlussrechnung als abgenommen anzusehen, spätestens jedoch mit Abnahme der Leistungen des AG durch den Bauherrn.

Die Gewährleistungsfrist wird mit fünf Jahren vereinbart und sie beginnt mit der Abnahme der Leistung des AN.

Die Gewährleistung bestimmt sich im Übrigen nach den Vorschriften der VOB/B.
Während der Gewährleistungsfrist hat der AN auftretende Mängel unverzüglich auf seine Kosten zu beseitigen. Kommt der AN dieser Verpflichtung nicht nach, ist der Auftraggeber nach Mahnung und Fristsetzung berechtigt, die Mängelbeseitigung auf Kosten des AN durch Dritte ausführen zu lassen.

§ 7 Abtretung

Der AN kann die ihm aus diesem Vertrag zustehenden Forderungen gegen den AG nur mit dessen Zustimmung abtreten. Dies gilt auch für Leistungen aus dem Vertrag.

§ 8 Kündigung

Es gelten die Bestimmungen der VOB/B und gegebenenfalls die des Werkvertragsrechts des BGB.

§ 9 Sonstiges

....
....

§ 10 Streitigkeiten

Alle Streitigkeiten aus diesem Vertrag werden unter Ausschluss des ordentlichen Rechtswegs durch ein Schiedsgericht nach der Schiedsgerichtsordnung der Deutschen Gesellschaft für Baurecht entschieden. Der von den Parteien abgeschlossene Schiedsvertrag, welcher in einer gesonderten Urkunde niedergelegt ist, ist Gegenstand dieses Vertrages.

§ 11 Allgemeine Bestimmungen

Sollten einzelne Bestimmungen dieses Vertrages unwirksam oder nichtig sein, wird davon die Wirksamkeit der übrigen Regelungen nicht berührt. An die Stelle der unwirksamen oder nichtigen Bestimmungen tritt das Gesetz.

....
Ort, Datum

....
....
Unterschrift AG   Unterschrift AN

4.3 Bauvertrag nach BGB

zwischen Auftraggeber (AG)
....
....
....

und Auftragnehmer (AN)
....
....
....

§ 1 Vertragsgegenstand

1.1
Der AG überträgt dem AN aufgrund seines Angebots vom ....
und der Auftragsverhandlung vom .... die Ausführung der

....
....
....

1.2
Vertragsbestandteile:
....
....
....

§ 2 Vergütung

Die Vergütung wird wie folgt vereinbart:

2.1
Die Vergütung wird nach den Preisen des Leistungsverzeichnisses bezüglich der gesetzlichen Mehrwertsteuer berechnet.

2.2
Als Vergütung wird ein Pauschalpreis von ...…… € zuzüglich/ einschließlich Mehrwertsteuer vereinbart.

2.3
Lohn-, Material- und Transportkostengleitklauseln sind – nicht – vereinbart.

Es sind im Falle der Vereinbarung von Gleitklauseln diese wie folgt:
– Lohngleitklausel (Anlage),
– Materialgleitklausel für ...

§ 3 Ausführungsfristen

Der AN hat am .... mit der Ausführung der Bauleistung zu beginnen und sie bis zum .... fertig zu stellen.

§ 4 Zahlungen

Abschlagszahlungen werden – nicht – vereinbart:

– aufgrund nachgewiesener Leistungen und darüber vorgelegter prüfbarer Abschlagsrechnungen ohne Mehrwertsteuer,
– gemäß beigefügtem Zahlungsplan.

§ 5 Vereinbarungen

5.1 Abnahme

....
....
....

5.2 Sicherheitsleistung

Diese wird wie folgt vereinbart:

Der AN leistet Sicherheit durch eine Bankbürgschaft in Höhe von ... % der Auftragssumme einschließlich Mehrwertsteuer für die Ausführung der Bauleistung.

Die Bankbürgschaft ist vor Beginn der Ausführung dem AG zu übergeben.

Die Bankbürgschaft ist innerhalb einer Woche nach der Abnahme an den AN zurückzugeben, sofern die Bauleistung keine wesentlichen Mängel aufweist.

5.3 Gewährleistungsbürgschaft

Der AN hat innerhalb zwei Wochen nach der Abnahme eine Gewährleistungsbürgschaft in Höhe von ... % der Auftragssumme einschließlich der Mehrwertsteuer an den AG zu übergeben. Nach Ablauf der vertraglichen Gewährleistungsfrist ist die Bürgschaft an den AN zurückzugeben.

§ 6 Streitigkeiten

Alle Streitigkeiten aus diesem Vertrag werden unter Ausschluss des ordentlichen Rechtsweges durch ein Schiedsgericht nach der Schiedsgerichtsordnung der Deutschen Gesellschaft für Baurecht in der jeweils gültigen Fassung entschieden. Der von den Parteien gesondert abgeschlossene Schiedsgerichtsvertrag ist Gegenstand des Bauvertrages.

§ 7 Allgemeine Bestimmungen

Änderungen und Ergänzungen dieses Vertrages bedürfen der Schriftform. Mündliche Nebenabreden wurden nicht getroffen.

....
Ort, Datum

....
....
Unterschrift AG   Unterschrift AN

4.4 Aufforderung zur Abgabe eines Angebotes

(Name und Anschrift des Auftraggeber)

an:
(Name und Anschrift der aufzufordernden Firma)

Aufforderung zur Abgabe eines Angebotes
Bauvorhaben: ...
auszuführende Leistungen: ...

Sehr geehrte Damen und Herren,

es wird beabsichtigt, gemäß anliegender Leistungsbeschreibung die im einzelnen aufgeführten Leistungen im Namen und für Rechnung:

....
....
....

im Rahmen der öffentlichen Ausschreibung/beschränkten Ausschreibung/freihändigen Vergabe zu vergeben.

Grundlagen des Angebotes sind die

....
....
....

Bedingungen und die VOB.

Angebote sind bis zum .... an den Auftraggeber einzureichen.

Die Zuschlagsfrist beginnt mit dem Eröffnungstermin und läuft am .... ab. Bis zu diesem Zeitpunkt ist der Bieter an sein Angebot gebunden.

Dem Angebot sind folgende Unterlagen beizufügen:

....
....
....

Sofern Sie beabsichtigen, ein Angebot abzugeben, werden Sie gebeten, das anliegende Angebotsschreiben ausgefüllt und

rechtsverbindlich unterschrieben an den Auftraggeber zurückzusenden.

Der Umschlag ist außen mit Namen und Anschrift der anbietenden Firma zu versehen. Außerdem ist darauf zu vermerken, dass es sich um das Angebot für das Bauvorhaben .... handelt.

Zum Eröffnungstermin können die Bieter und seine Bevollmächtigten anwesend sein.

Es wird darauf hingewiesen, dass die Angebotsfrist mit der Eröffnung des ersten Angebotes abläuft. Bis zu diesem Zeitpunkt können Angebote schriftlich, fernschriftlich oder telegrafisch zurückgezogen werden.

Falls Sie nicht beabsichtigen, ein Angebot abzugeben, werden Sie gebeten, die Unterlagen zurückzuschicken.

Mit freundlichen Grüßen

....
Ort, Datum

....
Unterschrift des Auftragnehmers

4.5 Angebot

(Name und Anschrift des Bieters)

an:
(Name und Anschrift des Auftraggebers)

Angebot Bauvorhaben: ...
auszuführende Leistungen: ...

Sehr geehrte Damen und Herren,

hiermit bieten wir Ihnen die Ausführung der in der Anlage näher beschriebenen Leistungen zu den von uns eingesetzten Preisen an.

An dieses Angebot halten wir uns bis zum Ablauf der Zuschlagsfrist, d. h. bis zum .... gebunden.

Unserem Angebot liegen die Leistungsbeschreibungen sowie die VOB (gegebenenfalls streichen) zugrunde.

Mit freundlichen Grüßen

....
Ort, Datum

....
Unterschrift

4.6 Auftragserteilung

(Name und Anschrift des Auftraggebers)

an:
(Name und Anschrift der anbietenden Firma)

Auftragserteilung
Ihr Angebot vom ....
Bauvorhaben: ...
auszuführende Leistungen: ...

Sehr geehrte Damen und Herren,

aufgrund Ihres vorbezeichneten Angebotes, welches mit der Endsumme von ...... € einschließlich Mehrwertsteuer abschließt, erteilen wir Ihnen hiermit im Namen und für Rechnung des :
....
....
....

den Auftrag zur Ausführung der in Ihrem Angebot näher bezeichneten Bauleistung.

Wir bitten Sie, die Zweitschrift dieses Auftragsschreibens rechtsverbindlich unterschrieben an uns zurückzusenden. Im einzelnen haben wir im Rahmen unserer Vertragsverhandlungen folgende Vereinbarung getroffen:

1. Mit der Ausführung ist am .... zu beginnen.

2. Die Leistung hat am .... fertig gestellt zu sein.

3. Für Abschlagszahlungen werden folgende Zahlungstermine vereinbart:
....
....
....

4. Wir überreichen eine Ausführungs-/Gewährleistungsbürgschaft in Höhe von ...… € bis zum ....

5. Die Abnahme erfolgt förmlich.

6. Vertragsgrundlagen sind in nachfolgender Reihenfolge:
....
....
....

Mit freundlichen Grüßen

....
Ort, Datum

....
Unterschrift

4.7 Auftragsbestätigung

(Name und Anschrift des Auftragnehmers)

an: (Name und Anschrift des Auftraggebers)

Auftragsbestätigung
Ihre Auftragserteilung vom ....
Bauvorhaben: ...
auszuführende Leistungen: ...

Sehr geehrte Damen und Herren,

aufgrund unseres Angebotes vom .... haben Sie uns am .... den Auftrag zur Ausführung der am .... ausgeschriebenen Bauleistung mündlich erteilt.

Wir bedanken uns für den Auftrag und möchten Ihnen der guten Ordnung halber die Erteilung dieses Auftrages bestätigen. Entsprechend den Ausführungsunterlagen/Vergabeverhandlungen gehen wir davon aus, dass folgende Vereinbarungen Vertragsgegenstand sind:

1. Mit der Ausführung ist am .... zu beginnen.

2. Die Leistung muss am .... fertig gestellt sein.

3. Die Auftragssumme beträgt zusätzl. 16 % Mehrwertsteuer €.

4. Für Abschlagszahlungen werden folgende Zahlungstermine vereinbart: ....

5. Die Abnahme erfolgt entsprechend § 12 VOB/B förmlich.

6. Wir sind berechtigt, eventuelle Sicherheitseinbehalte während der Gewährleistungsfrist durch Bankbürgschaften abzulösen.

7. Vertragsgrundlagen sind in folgender Reihenfolge:
....
Mit freundlichen Grüßen
.... Unterschrift des Auftragnehmers

4.8 Antrag zur Bestimmung eines Gutachters zur Erteilung einer Fertigstellungsbescheinigung

An die
Industrie- und Handelskammer ...
Handwerkskammer ...
Architektenkammer ...
Ingenieurkammer ...

Antrag zur Bestimmung eines Gutachters zur Erteilung einer Fertigstellungsbescheinigung

Bauvorhaben: ...
in ... (genaue Standortbeschreibung)
Gewerkearbeiten
....
....
....

Sehr geehrte Damen und Herren,

hiermit stellen wir/ich den Antrag auf

B e s t e l l u n g

eines öffentlich bestellten und vereidigten Sachverständigen zur Erteilung einer Fertigstellungsbescheinigung gemäß § 641 a BGB für das

Bauvorhaben: ...
in ...
Gewerbearbeiten
....
....
....

Wir/Ich geben diesem Antrag folgende Unterlagen anbei und der Sachverhalt ist dergestalt:
....
....
....

Gemäß Bauvertrag vom .... wurden wir/wurde ich von der Firma/dem Bauherrn .... beauftragt,
bei dem Bauvorhaben .... in .... folgende Bauarbeiten zu erbringen:

....
....
....

Nach der Fertigstellung der von uns erbrachten Leistungen haben wir dem Auftraggeber die Abnahme angeboten. Das Schreiben ist als Anlage beigefügt.

Der Auftraggeber gab uns Mitteilung, dass angeblich Mängel vorliegen und die Abnahme nicht erfolgen kann. Das Schreiben des Auftraggebers mit den enthaltenen Mängeln wird ebenfalls anliegend beigefügt.

Wir bestreiten/Ich bestreite das Vorhandensein von Mängeln und sind/bin überzeugt, dass das geschuldete Bauwerk/die geschuldeten Bauleistungen vertragsgerecht hergestellt wurde/wurden.

Wir bitten/Ich bitte daher um Benennung eines öffentlich bestellten und vereidigten Sachverständigen für die Abgabe einer Fertigstellungsbescheinigung.

Sollten Sie weitere Unterlagen und Informationen benötigen, bitten wir/bitte ich Sie, uns/mir dies umgehend mitzuteilen.

Mit freundlichen Grüßen

....
Ort, Datum

....
Unterschrift

Anlagen

4.9 Beauftragung eines Gutachters gemäß § 641 a BGB

Herrn/Frau
Dipl.-Ing. ...
Öffentlich bestellter und vereidigter Sachverständiger für ....
(Anschrift)
....

Auftrag zur Erteilung einer Fertigstellungsbescheinigung nach § 641 a BGB

Sehr geehrter Herr ...,/Sehr geehrte Frau ...,

auf unseren Antrag um Benennung eines öffentlich bestellten und vereidigten Sachverständigen zur Erteilung einer Fertigstellungsbescheinigung nach § 641 a BGB für Bauleistungen

bei dem Bauvorhaben: ....
für den Auftraggeber: ....
durchgeführte Arbeiten: ....
wurden Sie uns von der Industrie- und Handelskammer/Handwerkskammer als Gutachter benannt.
Wir beauftragen Sie hiermit, die von uns für den Auftraggeber .... aufgrund des beigefügten Vertrages vom .... erbrachten Bauarbeiten zu begutachten und zu bescheinigen, dass
das Werk/der näherbezeichnete Teil:
....

hergestellt und frei von den Mängeln ist, die der Auftraggeber behauptet. Sollten Sie Mängel feststellen, so sollen Sie diese spezifiziert benennen.

Den bisher geführten Schriftwechsel erhalten Sie zur Kenntnis als Anlage.

Mit freundlichen Grüßen

....
Unterschrift

Anlage

4.10 Fertigstellungsbescheinigung nach § 641 a BGB

Vertragliche Leistung:
in: ....

Die Fertigstellungsbescheinigung für die Vertragspartner
– Unternehmer
und
– Auftraggeber.

Aufgrund des Auftrags vom ....
(Name und Anschrift)
habe ich die oben genannte Bauleistung besichtigt und untersucht.

Version 1

Eine Ortsbesichtigung hat am .... von .... bis .... Uhr stattgefunden. Die Einladung zur Ortsbesichtigung wurde am .... an Unternehmer und Besteller versandt. An der Ortsbesichtigung haben folgende Personen teilgenommen:
....
....
....

Die Ortsbesichtigung wurde um .... Uhr geschlossen.

Version 2

Der Besteller hat den Zugang zur Ortsbesichtigung verweigert.

Das Werk entspricht den Vorgaben im Vertrag vom ....
Die vom Besteller vorgetragene Mängelrüge ist nicht begründet, weil
....
....
....

Version 3

Das Werk entspricht nicht den Vorgaben im Vertrag vom ....
(kurze Begründung).

Folgende Mängel sind wesentlich:
....
....

Version 4

Folgende Mängel sind unwesentlich:
....
....
....

Aufmaß und Abrechnungen sind in folgenden Punkten zu beanstanden:
....
....
....

Der Besteller hat eine Abschrift dieser Bescheinigung erhalten.

....
Unterschrift des Sachverständigen und
Stempel der Bestellungskörperschaft

4.11 Mahnung nicht bezahlter Rechnungen

Mahnung für fällige Abschlagszahlungen gemäß § 16 Nr. 1 Abs. 3 und § 16 Nr. 5 Abs. 3 VOB/B

An den
Auftraggeber

Bauvorhaben ....
gemäß Bauvertrag vom ....
hier: Mahnung für fällige Abschlagszahlungen gemäß § 16 Nr. 1 Abs. 3 und § 16 Nr. 5 Abs. 3 VOB/B

Sehr geehrte Damen und Herren,

am .... haben wir Ihnen unsere Abschlagsrechnung Nr. ... vom .... übersandt. Gemäß § 16 Nr. 1 Abs. 3 VOB/B werden Abschlagszahlungen binnen 18 Werktagen nach Zugang der Aufstellung fällig. Diese Frist ist überschritten.

Wir bitten Sie deshalb, die Abschlagssumme in Höhe von .... bis spätestens zum .... an uns auf das Ihnen bekannte Konto zu überweisen.

Mit freundlichen Grüßen

....
Ort, Datum

....
Unterschrift des Auftragnehmers/
des bevollmächtigten Vertreters

Nachfrist für die Schlusszahlung gemäß § 16 Nr. 3 und 5 VOB/B

An den
Auftraggeber

Bauvorhaben ....
gemäß Bauvertrag vom ....
hier: Nachfrist für die Schlusszahlung gemäß § 16 Nr. 3 und 5 VOB/B

Sehr geehrte Damen und Herren,

mit Schreiben vom .... haben wir Ihnen unsere Schlussrechnung vom .... über € .... übersandt. Leider konnten wir bisher keinen Eingang unserer Vergütung feststellen.

Gemäß § 16 Nr. 3 VOB/B ist die Schlusszahlung alsbald nach Prüfung und Fertigstellung, spätestens jedoch innerhalb von zwei Monaten nach Zugang der Schlussrechnung bei Ihnen zu leisten. Hieraus folgt, dass unsere Schlussrechnung vom .... am .... fällig geworden ist.

Wir bitten um umgehende Überweisung, da wir uns anderenfalls vorbehalten müssten, den uns entsprechenden Verzugsschaden geltend zu machen, insbesondere Verzugszinsen zu berechnen. Entsprechend § 16 Nr. 5 Abs. 3 VOB/B setzen wir Ihnen hiermit eine angemessene Nachfrist zur Zahlung bis zum ....

Mit freundlichen Grüßen

....
Ort, Datum

....
Unterschrift des Auftragnehmers/
des bevollmächtigten Vertreters

5.0 Fachbegriffe und ihre Bedeutung im Alltagsrecht des Bauwesens von A bis Z

Abbruch

Ein Abbruch ist grundsätzlich genehmigungspflichtig, es sei denn, dieser wird vom Bauamt angeordnet.

Eine Abbruchgenehmigung ist wie eine Genehmigung zur Errichtung baulicher Anlagen zu erteilen. Die Beantragung selbst ist wie bei einem Bauantrag vorzunehmen.

Eine Baugenehmigung beinhaltet nicht gleich eine Abbruchgenehmigung. Diese ist zusätzlich zu beantragen und gegebenenfalls zu erteilen. Vor Beginn eines Abbruchs können weitere Genehmigungen erforderlich sein, zum Beispiel bei Bauten des Denkmalschutzes.

Für öffentliche Bauten sind Abbrucharbeiten nach § 1 VOB/A Bauleistungen. Die Auftraggeber sollen daher Abbrucharbeiten von Bauleistungen je nach den technischen Voraussetzungen und den Kapazitäten des Auftragnehmers getrennt vergeben. Trotzdem müssen die Bewerber bei Abbrucharbeiten eine umfassende Leistungsbeschreibung abgeben (§ 4 Nr. 3 Satz 1 VOB/A).

Eine Leistungsbeschreibung für Abbruch soll beinhalten:
– Abbruchhöhe und -tiefe,
– umbauter Raum des Abbruchobjektes,
– Materialien des Abbruchobjektes (unbewehrter Beton, Stahlbeton, Holz etc.),
– Lage und Zugänglichkeit des Objektes,
– Erschwernisse mit besonderen Hinweisen auf Versorgungsleitungen wie zum Beispiel Gas,
– sonstige vorzunehmende Leistungen wie Abstützungen.

Im Geltungsbereich eines Bebauungsplanes hat die Kommune nach § 179 BauGB das Recht, einen Grundstückseigentümer zu verpflichten, die vollständige oder teilweise Beseitigung einer baulichen Anlage vorzunehmen, wenn diese den Festsetzungen des Bebauungsplanes nicht entspricht und auch nicht angeglichen werden kann. Gegebenenfalls hat der Eigentümer des Grundstücks Entschädigungsansprüche.

Abgaben bei Erwerb eines Grundstückes

Unter diesen Begriff fallen sämtliche Zahlungen, die von einem Grundstückseigentümer oder Bauherrn seitens der Kommunen oder der Länder bzw. des Bundes gefordert werden. Zum Beispiel:
– Grunderwerbsteuer, die beim Erwerb eines Grundstücks mit einem Steuersatz von zurzeit 3,5 % anfällt (§ 1 GrEStG),
– Grundsteuer, die auf den Grundbesitz schlechthin erhoben wird,
– Beiträge sonstiger Art für den Anschluss eines Grundstücks an kommunale Einrichtungen wie Wasserversorgung, Abwasserentsorgung, Elektrizität.

Abgabenordnung – AO

Steuerpflichtige wirtschaftliche Geschäftsbetriebe sind nach § 64 Abs. 3 AO anstelle von bisher 60.000 DM nunmehr mit 30.678 € bemessen.

Die Buchführungspflicht ist anstelle von bisher 500.000 DM auf eine Umsatzgrenze von 260.000 € bestimmt. Ergänzend gemäß § 141 Abs. 1 Satz 1 Nr. 3, 4 und 5 wurde die Bemessungsgrenze für den Gewinn von bislang 48.000 DM auf 25.000 € geändert.

Abnahme

Diese enthält die Verpflichtung, die vom Bauunternehmer erstellte Leistung, d.h. das hergestellte Werk, durch den Bauherrn bzw. Auftraggeber abzunehmen. Der Zahlungsanspruch des Bauunternehmers setzt eine Abnahme voraus und ist insofern eine Fälligkeitsvoraussetzung.

Nach § 12, Nr. 5, Abs. 3 VOB/B ist das Vorhandensein von Mängeln nicht als Hinderungsgrund für eine Abnahme anzusehen.

Die bei der Abnahme erkannten Mängel müssen beschrieben werden, um diese als Gewährleistungsansprüche geltend machen zu können.

Falls der Auftraggeber unberechtigt die Abnahme verweigert, obwohl die Voraussetzungen zur Abnahme vorhanden sind, kann eine Klage auf Abnahme erhoben werden.

Bei einem VOB-Werkvertrag ist die Abnahme im § 12 VOB/B geregelt, und bei einem Werkvertrag nach dem BGB, also ohne VOB, ist die entsprechende Vorschrift der § 640 BGB.

Die bauvertragliche Abnahme sollte nicht verwechselt werden mit der bauaufsichtlichen Abnahme. Die Abnahme aus einem Werkvertrag setzt voraus, dass die Bauleistung im Wesentlichen vertragsgerecht fertig gestellt ist.

Anders als nach dem BGB kann bei Geltung der VOB/B gemäß § 12, Nr. 3, die Abnahme nur bei Vorliegen eines wesentlichen Mangels verweigert werden.

Die Abnahme bedarf grundsätzlich keiner Form. Da die Form nicht vorgeschrieben ist, sollte sie zwischen den Partnern vertraglich vereinbart werden. Schon aus Beweiszwecken wird im Bauvertrag daher die förmliche Abnahme gemäß § 12, Nr. 4, VOB/B empfohlen. Ein förmlicher Abnahmetermin ist zwischen den durch vertragliche Regelung Bestimmungsberechtigten anzuberaumen, wenn davon auszugehen ist, dass dies innerhalb der Frist des § 12, Nr. 5, VOB zwölf Werktage ab Eingang der Schlussrechnung zu erfolgen hat.

Ist keine Frist für eine Abnahme vereinbart, so muss diese innerhalb von zwölf Tagen erfolgen, und der Bauunternehmer sollte sie nachdrücklichst in dieser Frist verlangen.

Durch eine Ingebrauchnahme der Werkleistung durch den Auftraggeber liegt eine stillschweigende Abnahme vor. Für dieses Eintreten der Abnahmewirkung ist jedoch eine gewisse Nutzungszeit erforderlich, vor deren Ablauf die Billigung des Werkes nicht erwartet werden kann. Bei einem VOB-Vertrag nach § 12, Nr. 5, gibt es eine weitere besondere Abnahmeform, die fiktive Abnahme. Sie ist dann gegeben, wenn beim Auftraggeber kein Abnahmewille vorhanden ist: Sie tritt ein zwölf Werktage nach der schriftlichen Mitteilung über die Fertigstellung der Bauleistung oder sechs Werktage nach Benutzung des Bauproduktes.

Grundsätzlich ist bei der Abnahme eine Vertretung möglich. Oftmals ist der Architekt bevollmächtigt, den bautechnischen Befund aufzunehmen, jedoch erstreckt sich diese Befugnis nicht auf die rechtsgeschäftliche Abnahme.

Mit der Abnahme erlischt auch die Vorleistungspflicht des Bauauftragnehmers. Nach der Abnahme ist dieser berechtigt, die Mängelbeseitigung Zug um Zug von der Erfüllung der Zahlungspflichten des Auftraggebers abhängig zu machen.

Mit der Abnahme geht die Beweislast für nach der Abnahme zu rügende Mängel auf den Bauherrn über. Dies trifft natürlich nicht zu für die bei der Abnahme festgestellten Mängel. In diesen Fällen bleibt die Verpflichtung bei dem Bauunternehmer.

Abnahmeniederschrift

Bei einer förmlichen Abnahme wird ein schriftliches Protokoll angefertigt, in das die Parteien ihre Feststellungen über den Bautenstand, insbesondere aber über vorhandene Mängel, aufnehmen. Bei der förmlichen Abnahme ist das Abnahmeprotokoll verbindlich, wenn es von beiden Seiten oder ihren bevollmächtigten Vertretern unterschrieben worden ist. Bis zur Unterzeichnung der Abnahmeniederschrift können Vorbehalte bzw. Änderungen vorgenommen werden.

Bei Leistungen nach VOB wird verwiesen auf § 12, Nr. 4, Abs. 1, Satz 3.

Abrechnung

Nach Erbringung der Bauleistungen ist der Bauunternehmer verpflichtet, für die von ihm erbrachten Leistungen übersichtliche und prüfbare Rechnungen zu legen. Eine Regelung finden Sie in § 14 VOB/B.

Abschlagszahlungen

Diese sind Vorschüsse auf zu erbringende Bauleistungen, die mit der Schlussrechnung auszugleichen sind. Die Abschlagszahlungen setzen bereits vertragsgemäße Leistungen voraus, während bei einer Vorauszahlung gezahlt wird, obwohl eine Leistung noch nicht erbracht worden ist.

Eine weitere Voraussetzung ist, dass die vertraglichen Leistungen in ihrer Gesamtheit noch nicht fertig gestellt sind und der Bauauftragnehmer in der Lage ist, diese auch zu erbringen. Da nur vertragsgemäße und bereits erbrachte Leistungen in die Abschlagsrechnung eingehen dürfen, ist es erforderlich, dass der Betrag der Abschlagszahlungen schriftlich errechnet und vom Auftraggeber prüfbar nachvollzogen werden kann.

Bei einem BGB-Werkvertrag kann der Unternehmer grundsätzlich keine Abschlagszahlung ohne Vereinbarung verlangen, da nach § 641 BGB die Gesamtvergütung erst mit der Abnahme der Bauleistung fällig wird.

Bei einem VOB-Bauvertrag sind nach § 16, Nr.1, auf Antrag des Bauunternehmers in Höhe der jeweils nachgewiesenen vertragsgemäßen Leistungen Abschlagszahlungen einschließlich der Mehrwertsteuer vom Bauherrn zu zahlen. In der Regel kann der Bauunternehmer Abschlagszahlungen immer nur nach Baufortschritt verlangen, also nur insoweit als er die entsprechenden Leistungen auch tatsächlich erbracht hat. Der Bauherr kann aber auch Gegenforderungen gegen den Unternehmer mit vereinbarten Abschlagszahlungen aufrechnen.

Grundsätzlich kann der Bauauftragnehmer weiterhin Abschlagszahlungen für angefertigte und bereitgestellte Bauteile sowie für die auf der Baustelle angelieferten, aber noch nicht eingebauten Baustoffe oder Teile beanspruchen. Gegebenenfalls hat der Bauunternehmer entsprechende Sicherheiten nach § 17 VOB/B zu bekommen.

Überdies werden Abschlagszahlungen 18 Werktage nach Eingang einer prüfbaren Aufstellung fällig.

Abstände/ Abstandsflächen

Abstände sind von den Außenwänden eines Gebäudes gelegene Flächen, die von anderen Gebäuden freizuhalten sind. Die einzuhaltenden Abstände sind im Bauordnungsrecht geregelt und können in den jeweiligen Ländern unterschiedlich sein.

Die Abstandsflächen sind aus dem Bebauungsplan, in dem ein seitlicher Grenzabstand vorgeschrieben ist, ersichtlich. Beim Fehlen eines Bebauungsplanes ist jedoch sicherzustellen, dass angrenzenden Nachbarn ein störungsfreies Nebeneinander gewährt wird. Die Einhaltung der Abstandsflächen kann unter Umständen auch aufgrund einer Befreiung durch die Aufsichtsbehörde geklärt werden.

Allgemeine Regeln der Baukunst

Die "Allgemeinen Regeln der Baukunst" sind im Allgemeinen Begriff der Technik enthalten, und gleichwohl stellen sie die Summe der im Bauwesen anerkannten Erfahrungen dar.

Die VOB fordert, dass Leistungen der Bauauftragnehmer den anerkannten Regeln der Technik entsprechen. Ein Verstoß gegen diese Regeln führt nach § 13, Nr. 7, Abs. 2 b VOB/B zu einem Schadensersatzanspruch des Bauherrn.

Die Regeln sind in so genannten "Regelwerken" enthalten:
– Normen des Deutschen Instituts für Normung e. V.,
– Einheitliche technische Bedingungen (ETB),
– Bestimmungen des Deutschen Ausschusses für Stahlbeton (DASt),
– Bestimmungen des Verbandes Deutscher Elektrotechniker (VDE),
– Unfallverhütungsvorschriften der Berufsgenossenschaften.

Allgemeine Geschäftsbedingungen (AGB)

Die AGB sind rechtliche Regeln für die Ausgestaltung von Verträgen. Sie haben die Aufgabe, einen Einzelvertrag zu ergänzen. In den AGB werden geregelt: Gerichtsstand, Beweislast, Haftungsbeschränkungen, Verjährungsfristen und natürlich auch Aufrechnungsverbote.

Das AGB-Gesetz zur Regelung des Rechts der Allgemeinen Geschäftsbedingungen vom 09.12.1976 (BGBl. I S. 3317) hat die Aufgabe, einen angemessenen Ausgleich der beiderseitigen Interessen zu verschaffen.

Im Vertrag ist der Hinweis aufzunehmen, dass die Allgemeinen Geschäftsbedingungen Anwendung finden.

Besondere Vorsicht ist angeraten bei der Vereinbarung von "Besonderen Vertragsbedingungen".

Allgemeine Bestimmungen für die Vergabe von Bauleistungen (VOB/A)

Sind staatliche Einrichtungen oder sonstige öffentlich-rechtliche Körperschaften Auftraggeber für Baumaßnahmen, ist der Teil A der VOB anzuwenden. Öffentlich-rechtliche Auftraggeber sind durch ihre Verwaltungsvorschriften dazu verpflichtet und Teil A der VOB ist eine innerdienstliche Verwaltungsanweisung.

Allgemeine Vertragsbedingungen für die Ausführung von Bauleistungen (VOB/B)

Diese Vertragsbeziehungen beinhalten rechtliche Normen der Baupartner sowie deren Rechte und Pflichten vom Abschluss eines Vertrages bis zur endgültigen Abwicklung.

Die VOB/B muss zweifelsfrei zwischen den Vertragspartnern vereinbart sein.

Sind die allgemeinen Vertragsbedingungen für die Ausführung von Bauleistungen vereinbart, gelten nach § 1, Nr. 1 VOB/B ebenfalls die Allgemeinen Technischen Vertragsbedingungen für Bauleistungen als Vertragsbestandteil. Mit der Anwendung der VOB/B ist auch die VOB/C mit ihren einschlägigen DIN-Normen Vertragsinhalt geworden. Die allgemeinen Bestimmungen der VOB sind weder Gesetz- noch Rechtsverordnungen. Bei ihrer Vereinbarung treten die Vorschriften des BGB zurück.

Angebot

Als Angebot versteht man im rechtlichen Sinne den Antrag einer Geschäftsseite, einen Vertrag abzuschließen. Im Bauwesen bietet der Auftraggeber/Bauherr einem oder mehreren Auftragnehmern die Verdingungsunterlagen als Leistungsbeschreibungen in Form von Leistungsverzeichnissen an.

Der Bauauftragnehmer nimmt anhand des Leistungsverzeichnisses den Preisansatz vor und durch die Rückgabe an den Bauherrn kommt das gegebene Angebot als Vertragsabschluss bereits zustande.

Das Angebot erlischt, wenn es vom Auftragnehmer abgelehnt oder mit Ergänzungen, Erweiterungen oder Einschränkungen angenommen wird. Dann gilt dies nach § 150, Abs. 2 BGB als Ablehnung.

Abweichungen vom Angebot, die der Auftragnehmer bei seiner Antwort auf das Angebot macht, sind als neues Angebot zu werten. Um dieses verbindlich werden zu lassen, muss es jedoch ausdrücklich vom Auftragnehmer oder vom Bieter angenommen werden.

Im öffentlichen Vergabewesen wird nach § 28, Nr. 2, Abs. 2 VOB/A verfahren.

In aller Regel werden bei einer Ausschreibung für die Bearbeitung und Einreichung der Angebote Angebotsfristen benannt. Diese sind vom Auftraggeber ausreichend zu bemessen, wobei die in § 18 VOB/A genannten Mindestfristen nicht unterschritten werden dürfen. Die Angebotsfrist läuft ab, sobald im Eröffnungstermin der Verhandlungsleiter mit der Eröffnung der Angebote beginnt. Bis zu diesem Zeitpunkt können Angebote schriftlich, handschriftlich oder telegrafisch eingereicht oder aber auch zurückgezogen werden.

Basis bei der Vorlage einer Angebotskalkulation ist die Leistungsbeschreibung des Auftraggebers einschließlich Leistungsverzeichnis, untergliedert in Teilleistungen sowie nach Positionen geordnet und beschrieben. Der Auftraggeber hat auch Nutzungs- und Qualitätsanforderungen vorzugeben.

Der Angebotspreis ist der Endpreis eines Angebots bzw. als Angebotsendsumme nach § 23, Nr. 4 VOB/A bezeichnet. Das Angebotsverfahren ist in § 6 VOB/A geregelt.

Arbeitsgemein-schaften - ARGE

Das Anliegen ist, dass durch die Zusammenarbeit von mehreren Unternehmen ein Bauvorhaben gemeinsam durchgeführt wird. Besondere Bedeutung hat die ARGE bei Großprojekten unter Einbeziehung von Architekten und Sonderfachleuten. Rechtlich ist ein Gesellschaftsvertrag für eine Gesellschaft Bürgerlichen Rechts (§§ 705 ff. BGB) zu empfehlen. Die ARGE ist rechtlich einer Gesellschaft bürgerlichen Rechts (GbR) gleichgestellt (siehe unter diesem Fachbegriff).

Architekten

Die Berufsbezeichnung Architekt darf nur führen, wer in der Architektenrolle oder -liste bei der zuständigen Landesarchitektenkammer eingetragen ist. Einzelheiten regeln die entsprechenden Landesgesetze. Sie setzen neben dem Studium an einer Universität, Hochschule oder Fachhochschule mindestens eine mehrjährige Berufsausübung in dem betreffenden Bundesland voraus.

Der Architekt selbst ist sowohl ein Treuhänder als auch ein Sachwalter des Bauherrn. Bei der Vorbereitung und Durchführung des Bauvorhabens soll ein besonderes Vertrauensverhältnis zwischen Auftraggeber und Architekt bestehen. Der zwischen dem Bauherrn und dem Architekten abgeschlossene Vertrag ist im Regelfall ein Werkvertrag nach dem § 631 ff. BGB.

Nach § 15 HOAI[1] ist der Architekt üblicherweise an dem Leistungsumfang als Auftragnehmer beteiligt und in den so genannten Leistungsphasen tätig:
1. Grundlagenermittlung,
2. Vorplanung,

[1] Verordnung über die Honorare für Leistungen der Architekten und Ingenieure (HOAI) in der Fassung vom 4. März 1991 (BGBl. I, S. 533), zuletzt geändert durch den Artikel 5 des 9. Euro-Einführungsgesetzes vom 10.11.2001 (BGBl. I, S. 2992).

3. Entwurfsplanung,
4. Genehmigungsplanung,
5. Ausführungsplanung,
6. Vorbereitung der Vergabe,
7. Mitwirkung bei der Vergabe,
8. Objektüberwachung und
9. Objektbetreuung,

Der Architekt ist rechtlich einem Kaufmann gleichgestellt. Die Wirtschaftlichkeit eines Bauvorhabens wird weitgehend durch die Tätigkeit des Architekten beeinflusst. Gleichwohl schuldet der Architekt dem Bauherrn die ordnungsgemäße Koordinierung des Bauablaufes und bei der Bauüberwachung, dass die Regeln der Handwerkskunst eingehalten sind.

Der Auftraggeber schuldet die Architektenleistungen durch das zu zahlende Honorar nach der HOAI (Honorarordnung für Architekten und Ingenieure), in der die Mindest- und Höchstsätze enthalten sind. Bei Vorliegen besonderer Umstände dürfen diese Sätze über bzw. unterschritten werden.

Der Architekt vertritt den Bauherrn im Umfang der abgeschlossenen Verträge. Der Architekt soll diese Befugnisse haben:
– Mängelrügen erteilen,
– Weisungen vornehmen,
– Aufmaße überprüfen,
– Schlussrechnungen kontrollieren.

Anzuwenden ist die HOAI in der 5. Fassung als Fünfte Änderungsverordnung vom 1. Januar 1996 (siehe Fußnote linke Seite).

Aufhebung eines Bauvertrages

Ein Bauvertrag kann im Rahmen der allgemeinen Vertragsfreiheit jederzeit einverständlich aufgehoben werden.

Bei Einverständlichkeit sollten die Folgen der Aufhebung erörtert werden, insbesondere aber auch hinsichtlich der Vergütung des Auftragnehmers und der Belange des Bauherrn.

Im Prinzip hat der Bauunternehmer Vergütungsansprüche, welche jedoch um diejenigen Aufwendungen zu kürzen sind, die der Unternehmer infolge der einverständlichen Aufhebung eingespart hat.
Das Aufmaß hat besondere Bedeutung bei der Abrechnung nach

Einheitspreisen, das heißt Abrechnung nach Preisen für Einheiten, nach § 2, Nr. 2 VOB/B, wonach im Leistungsverzeichnis die voraussichtliche Leistungsmenge benannt ist.

Aufmaß

Das Aufmaß sollte gemeinsam vom Bauunternehmer und Auftraggeber bzw. dessen beauftragten Architekten vorgenommen werden (§ 14, Nr. 2 VOB/B). Beim Aufmaß werden vorrangig die Leistungen nach Zahl, Maß und Gewicht festgestellt. Diese sind für die Aufstellung der Rechnung des Bauunternehmers/Handwerkers maßgebend.

Ein gemeinsames Aufmaß zwischen Auftraggeber und Auftragnehmer bedeutet nicht ein Schuldanerkenntnis für den Umfang des Werklohnanspruches. Beide Seiten können in einem Bauprozess andere Positionen einnehmen, welche nicht ausschließlich aus einem Aufmaß abgeleitet sind. Das Aufmaß ist also nicht die Prüfung oder die Bestätigung, dass die Bauleistung vertragsgemäß erfolgte.

Die Aufmaßbestimmungen sind geregelt im Abschnitt 5 der DIN-Normen des Teiles C der VOB (DIN 18299).

Aufrechnung

Die Aufrechnung ist die wechselseitige Tilgung zweier sich gegenüberstehender Forderungen nach den Regeln der §§ 387 ff. BGB.

In erster Linie kann der Bauherr gegenüber Werklohnforderungen des Unternehmers mit fälligen Gegenforderungen aufrechnen und der Bauherr hat die Möglichkeit, mit einem Vorschussanspruch gegenüber der Werklohnforderung des Bauunternehmers aufzurechnen. Aufrechnungen können aber in Geschäftsbedingungen ausgeschlossen sein.

Auftraggeber

Nach § 631, Abs.1 BGB ist der Auftraggeber der Besteller eines Werkes oder einer Leistung und zur Entrichtung der vereinbarten Vergütung verpflichtet.

Auftragsentzug

Der Auftragsentzug ist eine Kündigung des Auftrages nach § 8 VOB/B. Bei einer Kündigung durch den Auftraggeber ist die Folge für den Auftragnehmer Schadensersatz. Voraussetzung für einen Auftragsentzug oder eine Kündigung ist, dass der Auftragnehmer vom Auftraggeber aufgefordert wurde, Terminverzüge aufzuheben bzw. erkennbare Mängel durch Nacharbeiten unverzüglich abzustellen.

Bei Mängeln mit vorgesehenem Auftragentzug sollte wie folgt verfahren werden:
– Aufforderung zur Beseitigung der Mängel,
– Fristsetzung,
– Androhung des Auftragsentzugs
– Kündigung.

Erst wenn der Auftraggeber diesen Verpflichtungen nachgekommen ist, kann er das Recht wahrnehmen, nach § 8, Nr. 3 VOB zu kündigen und erst dann hätte der Auftragnehmer die Vielzahl der damit verbundenen rechtlichen Konsequenzen zu tragen.

Ausschreibung

Die Ausschreibung ist ein in der VOB/A geregeltes förmliches Verfahren zur Einholung von Angeboten.

Diese Aufforderung des Bauherrn an Bauunternehmen bzw. Handwerker, entsprechende Preisangebote abzugeben, erfolgt mit dem Ziel, aus den günstigsten Angeboten auswählen zu können.

Die Förmlichkeiten der Ausschreibung bzw. des Vergabeverfahrens sind in den §§ 2 ff. VOB/A geregelt, wobei auf jeden Fall die behördlichen oder staatlichen Auftraggeber gehalten sind, Folgendes zu beachten:
– Erhöhung des Leistungswettbewerbs und Chancengleichheit aller Bieter (§§ 2, 3 und 8 VOB/A),
– Gleichbehandlung aller Bewerber (§ 8 Nr. 1 VOB/A),
– Vergabe zu angemessenen Preisen (§ 25 VOB/A),
– ordentliche Leistungsbeschreibungen durch die Auftraggeber (§§ 9, 16 VOB/A),
– Transparenz des Ausschreibungs- und Vergabeverfahrens (§ 22 VOB/A).

Privaten Auftraggebern bleibt es in deren Ermessen gestellt, ob sie ebenfalls diese Form wählen wollen.

Es gibt folgende Vergabearten:
– die öffentliche Ausschreibung:
  Diese Ausschreibung lässt eine unbeschränkte Zahl von Unter-

nehmen zur Einreichung von Angeboten zu. Die öffentliche Ausschreibung ist zwingend vorgeschrieben, wenn nicht die Eigenart der Leistung oder besondere Umstände eine Abweichung rechtfertigen.

– die beschränkte Ausschreibung:
Sie erfolgt nach öffentlichen Teilnahmewettbewerben. Die Bauleistungen werden nach Aufforderung an eine beschränkte Zahl von Unternehmen zur Einreichung von Angeboten vergeben.

– die freihändige Vergabe:
Bei dieser Vergabeart werden Bauleistungen ohne ein förmliches Verfahren vergeben, jedoch ist freihändige Vergabe nur dann zulässig, wenn eine öffentliche oder beschränkte Ausschreibung unzweckmäßig ist.

Bauabnahme

Die Abnahme ist je nach vertraglicher Vereinbarung als Entgegennahme von Bauleistungen des Auftraggebers vom Auftragnehmer zu verstehen.

Die Bauabnahme ist jedoch auch die Abnahme eines Bauwerks durch die zuständige Bauaufsichtsbehörde. Die Bauaufsichtsbehörde stellt die Übereinstimmung der Bauleistung mit der Baugenehmigung fest. Der Bauherr hat bei der Bauaufsichtsbehörde die Fertigstellung des Rohbaus und die abschließende Fertigstellung der genehmigten baulichen Anlagen anzuzeigen, und diese ist nach Landesrecht zeitlich unterschiedlich geregelt.

Über die Abnahme durch die Bauaufsichtsbehörde wird eine Bescheinigung (Abnahmeschein) ausgestellt, die im Falle bei einer gesonderten Rohbauabnahme berechtigt, mit dem Innenausbau zu beginnen.

Nach der durchgeführten Schlussabnahme dürfen die baulichen Anlagen genutzt werden.

Bauabzugsteuer

Im September 2001 ist das Gesetz zur Eindämmung illegaler Betätigung im Baugewerbe mit Wirkung für alle Zahlungen in Kraft getreten, die ab dem 01. 01.2002 vorgenommen werden (veröffentlicht im BGBl 2001 I, S. 2267). Danach wird verlangt, dass im Rahmen der Einkommensbesteuerung ein Steuerabzug für Bauleistungen durchzuführen ist, der bei dem leistenden Bauunternehmen angerechnet wird.

In Abschnitt VII Einkommensteuergesetz (§§ 48 bis 48 d EStG) sind die im Gesetz bestimmten Auftraggeber von Bauleistungen im Inland näher bezeichnet, die einen Steuerabzug in Höhe von 15 Prozent der Gegenleistung für Rechnung des Unternehmens vornehmen müssen, welches die betreffende Bauleistung erbringt. Dieser Abzug findet nur dann nicht statt, wenn dieses Unternehmen eine vom zuständigen Finanzamt ausgestellte Freistellungsbescheinigung vorlegt.

Dieser Steuereinbehalt von 15 Prozent betrifft alle juristischen Personen des öffentlichen Rechts und alle Unternehmer im Sinne des § 2 Umsatzsteuergesetz (§ 19 UStG), für die jemand im Gebiet der Bundesrepublik Deutschland Bauleistungen erbringt.

Von diesem Steuerabzug sind auch Unternehmen betroffen, die keine Umsatzsteuererklärung abgeben müssen. Zum Beispiel Kleinunternehmer (§ 19 UStG) und Unternehmer, die ausschließlich steuerfreie Umsätze tätigen.

Der Steuerabzug betrifft Bauleistungen, d.h. Leistungen, die der Herstellung, Instandsetzung, Instandhaltung, Änderung oder Beseitigung von Bauwerken dienen. In diesem Zusammenhang wird verwiesen auf § 211 Sozialgesetzbuch VI vom 18.12.1989 (BGBl. I, S. 2261) und auf die Klassifizierungen von Bauleistungen in der Baubetriebe-Verordnung vom 28. 10. 1980 mit Änderung vom 24. 10. 1984 (BGBl. 1, S. 1318).

In das Steuerabzugsverfahren sind auch Planungsleistungen, die zum Beispiel von Architekten und Statikern erarbeitet werden, einzubeziehen. Voraussetzung ist, dass sie als Nebenleistung einer Bauleistung zu bewerten sind.

Der Auftraggeber muss den Abzug nicht vornehmen, wenn die für den jeweiligen Auftragnehmer zu erbringende Gegenleistung im laufenden Kalenderjahr voraussichtlich einen Gesamtbetrag von € 5.000 nicht übersteigen wird.

Der Auftraggeber (Leistungsempfänger) hat bis zum 10.Tag nach Ablauf des Monats, in dem die Gegenleistung erbracht wird, für den Leistenden eine Anmeldung auf amtlich vorgeschriebenem Vordruck beim zuständigen Finanzamt einzureichen. Der Steuerabzug darf nicht erst bei der Abrechnung der Bauleistung erfolgen, vielmehr ist jede Zahlung des Auftraggebers an den Auftragnehmer zu erfassen. Besonders hervorzuheben sind hier die Abschlagszahlungen.

Eine Freistellung vom Steuerabzug setzt voraus, dass der Leistende (Auftragnehmer) dem Leistungsempfänger (Auftraggeber) eine gültige Freistellungsbescheinigung des Finanzamtes vorlegt. Diese Bescheinigung ist dem Auftraggeber vorzulegen bevor die Bauleistung erbracht worden ist!

Das Finanzamt stellt diese Bescheinigung grundsätzlich nur unter Widerrufsvorbehalt und mit einer Geltungsdauer von längstens drei Jahren aus. Dafür zuständig ist das Finanzamt, in dessen Steuerbezirk sich der Wohnsitz bzw. gewöhnliche Aufenthalt des leistenden Unternehmens befindet. Befindet sich dieser Wohnsitz bzw. der Sitz der Geschäftsleitung im Ausland, dann besteht eine gegebenenfalls auch beim Finanzamt des Auftraggebers zu ermittelnde Zentralzuständigkeit im Gebiet der Bundesrepublik Deutschland.

Bauantrag

Dies ist eine förmliche Anzeige des Bauherrn an die nach dem Landesrecht der jeweiligen zuständigen Bauaufsichtsbehörde zur Erlangung der erforderlichen Baugenehmigung.

Dem Bauantrag sind regelmäßig. auch bei unterschiedlichen landesrechtlichen Verordnungen, bestimmte Unterlagen beizufügen wie zum Beispiel:
– Lageplan auf der Grundlage der amtlichen Flurkarte, maßstäblich kleiner als 1:500 mit allen Daten des jeweiligen Grundstücks,
– Bauzeichnungen im Maßstab 1:100 mit einer Begründung der geplanten baulichen Anlage, einschließlich benachbarter baulicher Anlagen. Mit den Grundrissen der Geschosse unter Angabe der vorgesehenen Nutzung und Einzeichnung von Treppen, Durchgangsmaßen, Türen usw. sowie Schnitten und Ansichten der geplanten Baumaßnahme,
– Baubeschreibung, in der das Vorhaben und seine Nutzung zu erläutern sind, wobei die künftige Nutzung beschrieben werden muss,
– Statik komplett mit den erforderlichen Konstruktionszeichnungen und Berechnungen, wobei besonders der Nachweis der Standsicherheit vorzulegen ist.

Im vereinfachten Genehmigungsverfahren, welches landesrechtlich bestimmt ist, können abweichende Bestimmungen geregelt sein.

Bauarbeiten, Bauleistungen

Bauarbeiten sind bauhandwerkliche oder bauindustrielle Maßnahmen, mit denen Bauwerke geschaffen, erhalten oder verändert werden.

Nach § 1 VOB/A sind dies Arbeiten jeder Art, um eine bauliche Anlage herzustellen, instandzuhalten, zu ändern oder zu beseitigen. Auch das Einrichten einer Baustelle ist bereits eine Bauleistung. Architekten- oder Ingenieurleistungen fallen nicht unter den Begriff der Bauleistung im Sinne des § 1 VOB/A.

Bauaufsichtsbehörden

Die Bauaufsichtsbehörden überwachen als staatliche Behörde die Bautätigkeiten. Ihre Aufgaben sind:
– Erteilung von Baugenehmigungen,
– Befreiungen sowie Erlass von Nutzungsuntersagungen,
– Stilllegungsverfügungen,
– Abbruchanordnungen.

Die Bauaufsichtsbehörden sind unterschieden in:
– Untere Kreisaufsichtsbehörde: dazu gehören kreisfreie Städte sowie kreisangehörige Städte und Gemeinden mit einer festgelegten Mindesteinwohnerzahl,
– Obere Bauaufsichtsbehörde: zuständig für Kreise und kreisfreie Städte,
– Oberste Bauaufsichtsbehörde: das jeweilige Ministerium eines Landes der Bundesrepublik Deutschland.

Baubeginn

Nach den Landesverordnungen darf mit der Bauausführung erst nach Erteilung der entsprechenden Baugenehmigung begonnen werden. Für vorhergehende Arbeiten, wie Aushub der Baugrube, ist eine Teilbaugenehmigung notwendig. Der Auftraggeber kann von dem Bauunternehmer eine Baubeginnanzeige nach § 5 Nr. 2 VOB/B fordern und dies im Vertrag auch vereinbaren.

Baubehinderungsanzeige

Dem Auftragnehmer ist dringend zu empfehlen, unverzüglich und schriftlich dem Auftraggeber Behinderungen bekannt zu machen. Es wird verwiesen auf den § 6, Nr. 1 VOB/B.

Behinderungen anzuzeigen ist für den Auftragnehmer Pflicht und gleichwohl Voraussetzung für eventuell zu stellende Ansprüche im Sinne des § 6, Nr. 2 bis 7 der VOB, woraus der Auftragnehmer dann Verlängerung der Ausführungsfristen, Schadensersatz und gegebenenfalls Ersatz des entgangenen Gewinns fordern kann.

Baubetreuung

Der Baubetreuer verpflichtet sich in einem Dienstleistungsvertrag, auf einem Grundstück des Bauherrn für dessen Rechnung ein Bauvorhaben durchzuführen. Der Baubetreuer handelt sodann im Umfang der getroffenen Vereinbarungen im Namen, in Vollmacht und auf Rechnung des Bauherrn und verwaltet die bereitgestellten Mittel. Der Baubetreuer kann auch in diesem Rahmen Verträge abschließen mit dem Architekten oder mit sonstigen Sonderfachleuten. Das sollte grundsätzlich in schriftlicher Form geschehen. Er sollte vom Bauherrn auch die Vollmacht zum Abschluss von Unternehmerverträgen erhalten.

Baubuch

Darin führt der gewerbliche Bauunternehmer speziell für das betreffende Bauobjekt vor allem die mit den Handwerkern bzw. Lieferanten abgeschlossenen Verträge, die vereinbarten Vergütungen, den Umfang und das Datum der erfolgten Zahlungen vom Auftraggeber bzw. an die Handwerker oder Lieferanten. Es sollten darin auch weitere spezifische Ereignisse im Zusammenhang mit dem Bauvorhaben festgehalten werden (z.B. Informationen über Sicherheiten, wie Hypotheken, oder die Eintragung von Grundschulden).

Es ist nicht zu verwechseln mit dem „Bautagebuch" (siehe dort).

Bauflächen

Die Bauflächen sind nach § 1 BauNVO (Baunutzungsverordnung) in ihrer Nutzung darzustellen. Bei einem Flächennutzungsplan sind auszuweisen:
– Wohnbauflächen,
– gemischte Bauflächen,
– gewerbliche Bauflächen,
– Sonderbauflächen.

Baufreiheit

Die Baufreiheit geht von dem Grundsatz aus, dass ein Grundstückseigentümer das Recht hat, auf seinem Grund und Boden Gebäude zu errichten.

Die Baufreiheit ist aber auch vom Bauunternehmer seinen vertraglich gebundenen Nachauftragnehmern zu gewähren. Die jeweilige Baufreiheit für das einzelne Gewerk sollte in einem Koordinierungsplan aufgenommen sein. Insgesamt besteht die Baufreiheit jedoch nach Maßgabe der vorgegebenen Planung.

Baugenehmigung

Der Auftraggeber muss die notwendigen öffentlich-rechtlichen Genehmigungen einholen (VOB/B § 4, Nr. 1, Satz 2), die vor allem auch für die Erfüllung der Aufgaben des Auftragnehmers sehr wichtig sind, wie z.B. in Fragen des Bau-, Straßenverkehrs-, Wasser- und Gewerberechts. Der Auftragnehmer kann den Beginn der Bauausführung von dem Vorliegen der Baugenehmigung bzw. bestimmter Erlaubnisse abhängig machen.

Das Baugenehmigungsverfahren ist in den Landesbauordnungen geregelt. Diese Regelungen betreffen den Ablauf vom Antrag bis zum Baubeginn mit den jeweiligen Auflagen bis zur Erbringung der Bauleistung, einschließlich der Schlussabnahme.

Grundsätzlich sind Baumaßnahmen ohne eine besondere Erlaubnis untersagt. Dies trifft selbstverständlich auch für die Eigentümer von Grundstücken zu.

Die Baugenehmigung als Erklärung der zuständigen Behörde hat zum Inhalt, dass die beantragte Baumaßnahme nach dem geltenden öffentlichen Recht zulässig ist. Sie wird erteilt unbeschadet privater Rechte Dritter. Beim Vorliegen öffentlich-rechtlicher Hindernisse hat der Eigentümer Anspruch, dass ihm die entsprechende Baugenehmigung erteilt wird. Für den Auftraggeber (Bauherrn) besteht die Verpflichtung, das Bauvorhaben entsprechend der Genehmigung ausführen zu lassen.

Im Baugenehmigungsverfahren ist das Zusammenwirken zwischen Bauherr, Entwurfsverfasser, Unternehmer, unterer Bauaufsichtsbehörde, oberer Bauaufsichtsbehörde und Fachbehörden für ein Bauvorhaben gefordert. Das Verfahren ist im Prinzip wie folgt geregelt:
– Vorplanung/Entwurfsverfasser,
– Bauvoranfrage/Bauherr,
– Prüfung der Voranfrage/untere Bauaufsichtsbehörde, ggf. mit Stellungnahme der Fachbehörden,
– Entwurfsplanung/Entwurfsverfasser,

- Bauvorbescheid/untere Bauaufsichtsbehörde (UBB),
- Genehmigungsplanung/Entwurfsverfasser,
- Bauantrag/Bauherr,
- Ausführungsplanung/Entwurfsverfasser,
- Prüfung der Bauordnung und des Planungsrechts/UBB,
- ggf. Prüfstatik, Stellungnahmen der Fachämter,
- Baugenehmigung/UBB,
- Baubeginnanzeige/Bauherr,
- Rohbauarbeiten / Unternehmer / Entwurfsverfasser (Architekt), bautechnische Abnahme/UBB,
- Rohbauabnahme/Bauherr und UBB auf Standsicherheit, Schall- und Wärmeschutz, Abwasser, Grenzeinhaltung usw.,
- Ausbauarbeiten/Unternehmer,
- Antrag auf Schlussabnahme/Bauherr,
- Schlussabnahme/UBB, Fachbehörden.

Baugenehmigungen können die Interessen eines Nachbarn berühren. Es gibt daher Landesbauordnungen, nach denen Nachbarn, insbesondere bei der Erteilung einer Befreiung der oberen Bauaufsichtsbehörde benachrichtigt bzw. angehört werden oder in bestimmten Fällen ihre Zustimmung eingeholt werden muss.

Die Baugenehmigung ist zeitlich begrenzt, und je nach Landesrecht gilt die Genehmigung für einen Zeitraum zwischen zwei und vier Jahren.

Bauhandwerker-sicherungsgesetz

Bereits vor Jahren wollte der Gesetzgeber den Bauunternehmern einen weiteren Schutz bieten, indem der Auftraggeber vor Baubeginn eine Sicherheit, etwa bis zur Höhe des voraussichtlichen Vergütungsanspruches, erbringt. Hierfür trat am 1. Mai 1993 das Bauhandwerkersicherungsgesetz als neuer § 648 a BGB in Kraft. Hinzugefügt wurde der Absatz 5 zum § 648a BGB, wonach der Vertrag als aufgehoben gilt, wenn der Auftraggeber (Bauherr) die Sicherheit nicht fristgemäß leistet.

Die Ansprüche auf Sicherheit des Bauunternehmers sind auch auf Nebenforderungen bezogen und diese sind mit 10 % de zu sichernden Vergütungsansprüche pauschalisiert.

Der Bauunternehmer, der eine Bau- bzw. Baunebenleistung erbringt, kann für seine Forderungen die Einräumung einer Bauhandwerker-Sicherungshypothek an dem Baugrundstück des Bauherrn verlangen. Gegenstand einer Sicherungshypothek ist das Baugrundstück, das auch im Eigentum des Bauherrn stehen muss.

Bauhauptgewerbe

Zum Bauhauptgewerbe gehören:
- Hoch-/Tiefbau,
- Hoch-/Ingenieurhochbau,
- Tiefbau,
- Straßenbau,
- Brunnenbau und Tiefbohrungen,
- Schornstein-, Feuerungs-, Industrieofenbau,
- Dämmungs- und Isolierbau,
- Abbruch-, Spreng- und Enttrümmerungsgewerbe,
- Stuck- und Putzarbeiten,
- Zimmerei und Dachdeckerei,
- Gerüstbau,
- Fassadenreinigung und Gebäudetrocknung.

Im Baunebengewerbe wird unterschieden in Ausbau- und Bauhilfsgewerbe.

Baukosten

Sie setzen sich zusammen aus: Gebäudekosten, Kosten der Außenanlagen, Baunebenkosten, Kosten der besonderen Betriebseinrichtungen, Kosten der Geräte und sonstiger Wirtschaftsausstattungen.

Aus der DIN 276 (Kosten im Hochbau) ergibt sich nachstehende Gliederung:
- Kosten des Baugrundstücks,
- Kosten der Erschließung,
- Kosten des Bauwerkes,
- Kosten des Gerätes,
- Kosten der Außenanlagen,
- Kosten für zusätzliche Maßnahmen einschließlich Baunebenkosten.

Neben den reinen Baukosten, also den Kosten sämtlicher Bauleistungen, die für die Errichtung des Gebäudes erforderlich sind, kommen die Kosten der Außenanlagen, wie Abwasser und Versorgung, ggf. Stützmauern und sonstige Baunebenkosten, hinzu.

Auch die Aufwendungen für Architektur- und Ingenieurleistungen, für Genehmigungen und Gutachten, für die Beschaffung von Finanzierungsmitteln, können als Kosten gelten.

Die Ermittlung der Baukosten ist Aufgabe des Architekten gemäß § 15 HOAI.

Im Zuge der Vorplanung erfolgt eine Kostenschätzung, und mit der Entwurfsplanung eine Kostenberechnung. Bei der Mitwirkung der Vergabe erarbeitet der Architekt einen Kostenanschlag und im Rahmen der Objektüberwachung eine Kostenfeststellung.

Die Baupreisverordnung aus dem Jahr 1972 ist aufgehoben durch die Verordnung über die Preise für Bauleistungen bei öffentlichen oder mit öffentlichen Mitteln finanzierten Aufträgen vom 16. Juni 1999 (BGBl. 1999 Teil I Nr. 33).

Bauleistungen

Das sind die Bauarbeiten, durch die eine Anlage hergestellt, instandgehalten, geändert oder beseitigt wird.

Im § 4, Nr.1, VOB/A sollen im öffentlichen Bauen die Leistungen so vergeben werden, dass eine einheitliche Ausführung und umfassende Gewährleistung gesichert ist. Nach § 4, Nr. 2, VOB/A sollen umfangreiche Leistungen in Losen und Handwerkergewerke nach Fachlosen (§ 4 Nr. 3 VOB/A) vergeben werden.

Bauleistungen unterliegen steuerrechtlich der Umsatzsteuer, sobald der Bauunternehmer dem Auftraggeber das Bauwerk oder die vertraglich bestimmten Leistungen übergibt.

Selbst wenn der Bauunternehmer die Leistung für sich erbringt, so ist sie umsatzsteuerpflichtiger Eigenverbrauch.

Baumängel

Im § 13, Nr.1, VOB/B ist im Umkehrschluss des Begriffs „Baumangel" eine Leistung als mangelfrei zu bewerten, wenn sie:
– die vertraglich zugesicherten Eigenschaften hat,
– den anerkannten Regeln der Technik entspricht,
– nicht mit Fehlern behaftet ist, die den Wert oder die Tauglichkeit zu dem gewöhnlichen oder dem nach dem Vertrag vorausgesetzten Gebrauch aufheben oder mindern.

Wenn eine Bauleistung mangelhaft ist, so muss diese in jedem Fall innerhalb der Gewährleistungsfristen von dem Bauunternehmen auf Verlangen nachgebessert werden.

Nach § 12, Nr. 4 und 5, VOB/B ist ein bereits festgestellter Mangel vom Auftraggeber bei der Abnahme zu benennen, da er sonst das Recht auf Nachbesserung oder Minderung verlieren könnte.

Für nicht erkennbare Mängel, die erst nach der Abnahme auftreten bzw. vom Auftraggeber später bemerkt werden, ist das Mängelbeseitigungsverfahren in § 13, Nr. 5 bis 7, VOB/B geregelt.

Bauordnungs-/ Bauplanungsrecht

Das Bauplanungsrecht grenzt sich vom Bauordnungsrecht dadurch ab, dass das Ordnungsrecht die Form des Bauobjektes (Gestaltung), die Gefahrenabwehr (Brandschutz etc.) und das Baugenehmigungsverfahren regelt, während dessen das Bauplanungsrecht die Nutzung des Grund und Bodens beinhaltet.

Baurecht

Die an einem Bauvorhaben beteiligten Personen unterhalten Rechtsbeziehungen.

Zum einen gibt es das private Baurecht, es regelt die Rechtsverhältnisse der am Bau beteiligten Privatpersonen und Firmen sowie deren Pflichten aus dem Bauvertrag. Die Rechtsgrundlagen und besonders etwaige Schadensersatzansprüche werden aus Vereinbarungen des Vertrages hergeleitet in Verbindung mit den Bestimmungen des BGB, insbesondere aus dem Werkvertrag §§ 631 ff. BGB, oder der VOB.

Im Falle von Streitigkeiten entscheiden die Zivilgerichte, und zwar bei einem Streitwert bis zu 5.000 € die Amtsgerichte, darüber hinaus die Landgerichte, an denen Rechtsanwaltszwang besteht.

Sind auf einer der beiden Seiten der Parteien eine Behörde oder eine Gemeinde und auf der anderen Seite ein Bürger – im Regelfall der Bauherr – beteiligt, dann ist dies öffentliches Baurecht, und hier wird unterschieden zwischen Bauplanungs- und Bauordnungsrecht.

Baustelle

Als Baustelle bezeichnet man die Einrichtung, an der eine bauliche Anlage errichtet, geändert oder abgebrochen wird.

Im Straßenverkehr sind Baustellen durch Gefahrenzeichen nach § 40 Straßenverkehrsordnung (StVO) zu kennzeichnen.

Für die Absicherung einer Baustelle ist der Bauunternehmer verpflichtet. Er kann sich hierfür beauftragter Personen bedienen bzw. andere Firmen beauftragen. Für den Schutz der auf der Baustelle Beschäftigten und für den Schutz unbeteiligter Dritter sind jeweils im Rahmen ihres Wirkungskreises und in ihrem jeweiligen Aufgabenbereich die am Bau Beteiligten verantwortlich.

Für die allgemeine Ordnung auf der Baustelle ist der Auftraggeber nach § 4, Nr. 4, Abs. 1 VOB/B zuständig.

Die Baustelleneinrichtung und die dazugehörigen Einrichtungsteile, wie Baracken, Lagerplätze, Geräte, Baustraßen usw., sind Inhalt eines Baustelleneinrichtungsplanes, für den der Auftraggeber verantwortlich zeichnet.

Die Kosten der Baustelleneinrichtung und auch die spätere Beräumung sind Inhalt des Leistungsverzeichnisses, dazu wird verwiesen auf die zur VOB/C gehörende DIN 18299 (Allgemeine Regelungen für Bauarbeiten jeder Art).

Bausummenüberschreitung

Die Bausummenüberschreitung ist häufiger Streitgegenstand zwischen dem Bauherrn und dem Architekten.

Es ist vorrangig zu prüfen, inwiefern eine schuldhafte Pflichtverletzung des Architekten gegeben ist und ob dies gegebenenfalls eine Haftung des Architekten begründet.

Zwischen den Auftragnehmern und dem Auftraggeber sind Vertragsnachträge als Folge anzuraten. Unter Umständen kann auch dies auch zu einem Rechtsstreit führen.

Es ist zu empfehlen, mit dem Architekten über die Einhaltung der veranschlagten Baukosten eine ausdrückliche Garantie zu vereinbaren, bei einer Kostenüberschreitung haftet dann der Architekt im Wege des Schadensersatzes. Ohne Garantieregelung haftet der Architekt nach § 635 BGB. Hierzu bedarf es aber in jedem Fall des Nachweises einer objektiven Pflichtverletzung und eines Verschulden des Architekten sowie einer Schädigung des Bauherrn.

Bautagebuch

Das auf der Baustelle zu führende Bautagebuch soll die täglichen Arbeiten und Materiallieferungen nachvollziehbar verzeichnen.

Hierzu gehören auch die Anzahl und Namen der auf der Baustelle Anwesenden, Materiallieferungen, Arbeitsausführungen, Arbeitszeiten und auch die Tagestemperaturen.

Auftraggeber und Auftragnehmer sollen das Bautagebuch täglich abzeichnen. Alle aktuellen Ereignisse, wie der Einsatz der Baugeräte, besondere Anweisungen des Bauherrn und unbedingt auch alle Störungen sind einzutragen. Das Geschehen auf der Baustelle sollte also möglichst lückenlos dargestellt und die notwendigen Bearbeitungsstufen mit den entsprechenden Veranlassungen sollten aufgeschrieben werden.

Das Bautagebuch ist nicht zu verwechseln mit dem Baubuch (siehe dort).

Bauüberwachung

Hierfür sind die Bauaufsichtsbehörden zuständig und in den Landesbauordnungen ist die Tätigkeit der Aufsichtsbehörden geregelt. Die so genannte Autorenkontrolle und Objektüberwachung fällt in den Zuständigkeitsbereich des vom Bauherrn beauftragten Architekten oder Ingenieurs gemäß Vorgaben in der HOAI (Honorarordnung für Architekten und Ingenieure). Danach hat im Umfang der Leistungsphase 9 (Bauüberwachung) der beauftragte Architekt die Kontrolle der Bauausführung vorzunehmen. Dies geschieht im Rahmen des Inhalts der Baugenehmigung, der Ausführungspläne und der Leistungsbeschreibungen sowie nach den Grundregeln der Technik.

Bauvertrag

Der Bauvertrag ist ein Werkvertrag, und dieser ist geregelt in den §§ 631 ff. BGB. Bei einer VOB/B-Vereinbarung ist noch ergänzend hinzuweisen auf die §§ 1 ff.

Ein Bauvertrag, ob nach BGB oder VOB geschlossen, kommt wie jeder Vertrag durch Angebot und Annahme zustande (§ 145 ff. BGB). Ein Vertrag kann auch mündlich abgeschlossen werden, jedoch ist auf die Schriftform eines Vertrages mit Nachdruck hinzuweisen. Auch wegen der häufig hohen Bausummen empfiehlt es sich, zu Beweiszwecken alle (Neben-)Verabredungen regelmäßig und zeitnah in schriftlicher Form festzuhalten.

Baurechtlich gesehen ist der Bauvertrag eine Vereinbarung zwischen Auftraggeber (Bauherr) und Auftragnehmer (Bauunternehmer/Handwerk). Darin verpflichten sich der Auftragnehmer zur Herstellung eines bestimmten Leistungserfolges (Bauwerk) und der Auftraggeber im Gegenzug zur Zahlung eines bestimmten Werklohnes.

Bei größeren Bauvorhaben ist es notwendig, dass der Bauunternehmer zunächst ein Leistungsverzeichnis erstellt und dem Bauherrn anbietet. Dieser kann es dann annehmen, ablehnen oder mit Zusätzen versehen. Anschließend kann der schriftliche Bauvertrag zustande kommen.

Beide Vertragspartner können die VOB ausdrücklich zum Inhalt ihres Vertrages machen. Haben die Vertragsparteien die Anwendung der VOB vereinbart, sind deren Bestimmungen maßgeblich und die gesetzlichen BGB-Regelungen lediglich ergänzend heranzuziehen.

Bauvoranfrage

Der Bauherr kann einzelne Probleme vor Antragstellung von einer Bauaufsichtsbehörde prüfen und in Form eines Baubescheides entscheiden lassen. Damit erhält der Bauherr eine Grundlage für seine weiteren Planungen.

Bei der Beauftragung eines Architekten zur Erarbeitung einer Bauvoranfrage handelt es sich um eine besondere Leistung nach Leistungsphase 2 der HOAI, siehe dort § 5, Abs. 4.

Bauzeitenplan

Im Zuge der Arbeitsvorbereitung, besonders für größere Bauvorhaben, ist der Bauzeitenplan vom Auftragnehmer zu erarbeiten. Die darin enthaltenen Termine sind nur dann verbindlich, wenn diese im Vertrag ausdrücklich zwischen den Parteien vereinbart wurden. Es wird verwiesen auf § 5, Nr. 1, VOB/B.

Bei öffentlichen Bauten sollen in diesen Plan nur die für den Fortgang der Gesamtarbeit besonders wichtigen Einzelfristen als Vertragsfristen bezeichnet werden (§ 11, Nr. 2, Abs. 2 VOB/A).

Bebauungsplan

Der Baubauungsplan ist ein Teil des Bauplanungsrechts und nach § 8, Abs. 2 BauGB dem Flächennutzungsplan entlehnt.

Für eine Kommune ist der Bebauungsplan gemäß § 8 BauGB die rechtsverbindliche Bestimmung für die städtebauliche Ordnung. Er wird durch eine Gemeinde in der Rechtsform einer Satzung unter Hinweis auf § 10, Abs. 1, BauGB beschlossen. Die Bürger haben das Recht, den Bebauungsplan einzusehen und auch vor dem Verwaltungsgericht überprüfen zu lassen.

Bestandspläne

Diese sind im Prinzip Kontrollzeichnungen und hauptsächlich im Maßstab 1:100 gefertigt. Sie haben den Zweck, den Bautenstand nach der Fertigstellung und Nutzung festzuhalten.

Ist die Erarbeitung von Bestandsplänen einem Architekten in Auftrag gegeben, so ist dies eine besondere Leistung im Rahmen der Leistungsphase "Objektbetreuung und Dokumentation" nach § 15, Abs. 2, Nr. 9 HOAI.

Bestandsschutz

Hiermit wird eine rechtmäßig errichtete bauliche Anlage gegenüber nachträglichen baurechtlichen Änderungen durch Artikel 14, Abs. 1, des Grundgesetzes der Bundesrepublik Deutschland geschützt. Das rechtmäßig errichtete Gebäude bleibt in seiner Funktion, Nutzung und baulichen Beschaffenheit auch dann rechtmäßig, wenn das maßgebliche Recht sich später ändert und das Bauwerk dem geänderten Recht nicht mehr entspricht. Dazu gehören auch die Erhaltung und die notwendigen Maßnahmen, um die weitergehende Nutzung des Bauwerkes zu ermöglichen.

Beurkundung, notariell

Alle Grundstückskaufverträge, auch alle Schenkungs-/Tauschverträge sind dem notariellen Beurkundungszwang nach § 313 BGB unterlegen.

Diese verpflichtende Regelung hat auch für die Beteiligten den Sinn, dass übereilte Vertragsabschlüsse nach Möglichkeit vermieden werden. Durch den Notar als eine neutrale Amtsperson soll zudem sichergestellt werden, dass keine der Vertragsparteien übervorteilt wird.

Auch Verträge über die Errichtung von Fertighäusern o.ä. (so genannte „Bauträgerverträge") müssen notariell beurkundet werden, wenn damit eine Grundstückseigentumsübertragung verbunden ist. Verwiesen wird auf die Notwendigkeit einer Auflassung und Eintragung jeder Rechtsänderung im Grundbuch nach § 313, Abs. 2 BGB.

Beweissicherungs-verfahren

Oftmals ist es schwierig, Baumängel und deren Verursachung zu beweisen. Im Regelfall trägt der Auftraggeber die Mängel vor – obwohl er kein Baufachmann ist. Er wird dafür aber, soweit es sich nicht um Planungsfehler handelt, seinen Architekten oder Baubetreuer in die Bearbeitung der Schadensregulierung mit einbeziehen. Die Beweislast für Bauwerksmängel liegt bis zur Abnahme beim Auftragnehmer und danach beim Auftraggeber.

Bis zur Abnahme muss der Auftragnehmer nachweisen, dass er seine Leistung vertragsgemäß erbracht hat und dass diese mängelfrei ist (§ 13 Nr. 1 VOB/B).

Nach der Abnahme geht die Beweislast für Mängel auf den Auftraggeber über, und er muss den Beweis antreten, dass ein Mangel infolge einer Abweichung von den in § 13, Nr.1 VOB/B genannten Kriterien vorliegt und dass der Mangel auf ein vertragswidriges Verhalten des Auftragnehmers zurückzuführen ist.

In einem Beweissicherungsverfahren nach § 485 ff. ZPO geht es vorrangig um die Sicherung von Beweisen. Es wird auf zu bestellende Gutachter verwiesen, deren Untersuchungsergebnisse in einem eventuellen Bauprozess Gegenstand einer gerichtlichen Entscheidung sein werden bzw. können. Die Einleitung des Verfahrens erfolgt durch einen formellen Antrag. Es ist dann dringend die Konsultation und Beauftragung eines in Bausachen erfahrenen Rechtsanwalts anzuraten.

Bindefrist

In dieser Zeit ist der Bewerber nach Abgabe seines Angebots nach § 19 VOB/A gebunden. Die Frist beginnt mit dem Eröffnungstermin und läuft bis zum Ende der Zuschlagsfrist, und sie soll nicht mehr als 30 Kalendertage betragen.

Bodenverhältnisse

Das Risiko für die Boden- und Wasserverhältnisse eines Baugrundstücks trägt grundsätzlich der Bauherr.

Vor Beginn einer Baumaßnahme hat dieser die Boden- und Wasserverhältnisse umfassend zu beschreiben, wobei ein Architekt im Rahmen seiner Planung gehalten ist, sich ausreichende Kenntnisse von den Boden- oder Wasserverhältnissen zu verschaffen. Der Architekt muss deshalb den Baugrund und die Grundwasserverhältnisse vor Ort klären, um gegebenenfalls die Beschaffenheit des

Grundstücks durch Bodenproben erkunden und begutachten zu lassen.

Bürgschaft

Durch eine Bürgschaft wird der Anspruch eines Gläubigers gesichert. Da Bauprojekte vielfach mit hohen Geldwerten auf beiden Seiten verbunden sind, ist eine Wechselseitige Absicherung empfehlenswert.

Zugunsten des Bauherrn bzw. Auftraggebers wird oftmals ein Sicherheitseinbehalt vom Werklohn für eventuell zu erwartende Nachbesserungsaufwendungen bei Baumängeln während der Gewährleistungsfrist vereinbart. Im umgekehrten Fall ist der Bauunternehmer berechtigt, einen Sicherheitseinbehalt durch eine (Bank-) Gewährleistungsbürgschaft abzusichern.

Eine Gewährleistungsbürgschaft kann im Fall einer noch ungeklärten Frage, inwieweit Mängel überhaupt vorliegen bzw. in einem späteren Bauprozess erst geklärt werden können, als so genannte Bürgschaft "auf erstes Anfordern" ausgestaltet werden.

Auch der Bauauftraggeber kann sich wirtschaftlich absichern, indem er etwaige Ansprüche wegen künftiger Gewährleistungs- bzw. Werkmängelhaftungsansprüche auf Zahlung eines erst mit Beendigung des Werkes fällig werdenden Werklohnes durch eine Bauhandwerkersicherungshypothek festlegt. Möglich wäre aber auch eine Sicherungsbürgschaft nach § 846 a BGB.

Für eine Sicherheitsleistung nach § 17, Nr. 4 VOB/B ist eine selbstschuldnerische Bürgschaft nach § 773, Abs.1 BGB erforderlich.

Dachgeschossausbau

Der vor allem zur Vergrößerung des Wohnraumes geplante Ausbau von nicht genutzten Flächen ist nur mit einer Baugenehmigung zulässig. Zudem darf durch einen Dachgeschossausbau die Anzahl der Vollgeschosse nicht überschritten werden. In der Praxis wird die zulässige Anzahl der Vollgeschosse dann jedoch nicht überhöht, wenn das Dachgeschoss nicht als Vollgeschoss ausgebaut wird.

Darlehen

Bei einem Darlehen nach § 607, Abs.1 BGB ist der Empfang von Geld oder anderen Sachen mit der Verpflichtung geregelt, dass der Darlehensnehmer die Sachen von gleicher Art, Güte und Menge zurückerstattet, was besonders auf Geld bezogen ist.

Die Rückerstattung soll vereinbart werden, und ist dies nicht geschehen, muss eine der Parteien nach § 609, Abs.1 BGB kündigen.

Ist das Darlehen größer als 150 €, so beträgt die Kündigungsfrist nach § 609, Abs. 2 BGB drei Monate und bei geringeren Beträgen einen Monat. Die Zinsen können vereinbart werden, deren Höhe ist jedoch eingeschränkt mit dem Begriff des Wuchers nach § 138, Abs.2 BGB.

Im Falle eines mit mehr als 6 % vereinbarten jährlichen Zinssatzes kann der Schuldner nach Ablauf von sechs Monaten unter Einhaltung einer Kündigungsfrist von 6 Monaten den Darlehensvertrag nach § 247, Abs.1 BGB kündigen.

Denkmalschutz

Die Behandlung von Denkmälern – sowie alle damit verbundenen Verpflichtungen – regeln ausnahmslos Landesgesetze. Die einzelnen Bundesländer haben geregelt, dass bestimmte Maßnahmen bei Denkmälern einer besonderen Erlaubnis bedürfen, die aber auch im Einzelfall versagt werden kann. Dies trifft besonders auf Abbruch und Umbau sowie Modernisierung eines denkmalgeschützten Gebäudes zu.

DIN-Vorschriften

Die DIN-Normen werden vom Deutschen Institut für Normung e.V.(Berlin) erarbeitet und geliefert Nach Themenbereichen zusammengefasste Normen werden in den „DIN-Taschenbüchern" veröffentlicht, die auch im Buchhandel erhältlich sind.

Für das Bauwesen sind aus baurechtlicher Sicht etwa 50 DIN-Normen besonders erwähnenswert, vor allem die im Teil C der VOB zusammengefassten DIN-Normen 18299 bis 18451. Die allgemeinen Regeln für Bauarbeiten jeder Art sind in der DIN 18299 enthalten, während die DIN-Normen 1960 und 1961 die Teile A (Allgemeine Bestimmungen für die Vergabe von Bauleistungen) und B (Allgemeine Vertragsbedingungen für die Ausführung von Bauleistungen) der VOB umfassen.

Die DIN-Normen werden gemäß § 1, Nr.1, Satz 2 VOB/B Bestandteil eines jeden Bauvertrages, der nach VOB geschlossen wird.

Auch die anerkannten Regeln der Technik entsprechen weitgehend den DIN-Normen. Sie werden von Zeit zu Zeit dem technischen

Fortschritt angepasst und gelten als Maßstab dafür, ob eine Bauleistung ordnungsgemäß ausgeführt oder mit Mängeln behaftet ist.

Bei Nichteinhaltung der DIN-Vorschriften und der vertraglichen Vereinbarung in einem VOB-Vertrag stehen dem Bauherrn/Auftraggeber Gewährleistungsansprüche zu.

Eigenleistungen

Es handelt sich um vom Bauherrn persönlich oder von Dritten unentgeltlich erbrachte Bauleistungen. Dies setzt voraus, dass der Bauherr selbst Lieferungen oder Leistungen vornimmt, vom bauausführenden Unternehmen nicht übliche Vergünstigungen erhält, Lieferungen oder Leistungen in Gegenrechnung ausführt oder vorhandene und vorgeschaffte Baustoffe oder Bauteile einbauen lässt.

Solche Eigenleistungen sollten jederzeit nachweisbar erfasst bzw. erkennbar (gekennzeichnet) sein. Ebenso wie Eigenlieferungen des Bauherrn sind sie nach HOAI, § 10, Abs.3, als anrechenbare Kosten nach ortsüblichen Preisen anzusehen.

Eignungsnachweis

Wird von Bewerbern oder Bietern öffentlicher Aufträge gefordert, da nach § 2, Nr.1 VOB/A und § 25, Nr. 2, Abs.1 VOB/A verlangt wird, dass Bauleistungen nur an fachkundige, leistungsfähige und zuverlässige Bewerber vergeben werden sollen. In § 8, Nr. 3 VOB/A sind die nachzuweisenden Qualifikationskriterien der Bieter benannt:
- der Umsatz der letzten drei Geschäftsjahre,
- die ausgeführten Leistungen in den letzten drei Jahren,
- die beschäftigten Arbeitskräfte in den letzten drei Jahren,
- die zur Verfügung stehende technische Ausrüstung,
- die Eintragung in das Berufsregister.

Einbehalte

Eine Vereinbarung über den Einbehalt von Sicherheitsleistungen kann sowohl vom Bauherrn als auch vom Unternehmer vorgeschlagen und in einem BGB- wie aber auch in einem VOB-Vertrag getroffen werden.

In einem BGB-Vertrag ist die Sicherheitsleistung in Form, Höhe und Zeitraum im Vertrag ausdrücklich zu bestimmen, während in einem VOB-Vertrag die Sicherheitsleistung im § 17, Nr. 6 VOB/B geregelt ist. Im letztgenannten Fall behält der Auftraggeber Beträge von verpflichtenden Zahlungen an den Auftragnehmer ein (siehe auch unter „Bürgschaft").

Gegenforderungen können nach VOB/B § 16, Nr. 1, Abs. 2, einbehalten werden. Andere Einbehalte sind nur in den im Vertrag und in den gesetzlichen Bestimmungen vorgesehenen Fällen zulässig. Gegenforderungen sind solche Geldforderungen des Auftraggebers gegen den Auftragnehmer, die zur Aufrechnung gestellt werden können. Nach § 387 BGB sind gleichartige, d.h. beiderseits auf Zahlung von Geld gerichtete Forderungen dann aufrechenbar, wenn sie beide fällig sind und jeweils zwischen gleichen Parteien bestehen.

Bei Mängeln während der Ausführung kann der Auftraggeber sich zur Durchsetzung seines Rechts auf ein Zurückbehaltungsrecht gegenüber der Forderung des Auftragnehmers aus der Abschlagsrechnung beziehen.

Einbehalte können immer nur innerhalb eines bestimmten Vertragsverhältnisses geltend gemacht werden.

Einheitspreis

Festgelegte Vergütung in einer Position als Preis je Mengeneinheit in Form eines Maßes, eines Gewichts oder einer Zeiteinheit bzw. eines Stückes. Die ausgeführte Menge ist nach § 14, Nr. 1 VOB/B durch entsprechende Berechnungen nachzuweisen.

Der Vertrag hierfür, genannt Einheitspreisvertrag, ist ein Pauschalvertrag nach § 5, Nr. 1 VOB/A. Er gehört eindeutig zu den Leistungsverträgen. Für die Abrechnung bei Einheitspreisverträgen sind die Mengen der betreffenden Positionen zugrunde zu legen.

Der Einheitspreisvertrag ist eine Besonderheit des Bauvertrages. Er weicht von einem üblichen Werkvertrag nach BGB insofern ab, indem der Leistungserfolg eine einheitliche Gesamtvergütung zusagt. Der Einheitspreisvertrag basiert auf den tatsächlich auszuführenden Mengen, die vor Ausführung in der Regel nicht kalkuliert werden können. Die ausgeführten Leistungen werden erst später herangezogen, um eine Grundlage für die Vergütung zu schaffen. Der endgültige Vergütungsanspruch ergibt sich bei einem Einheitspreisvertrag nach § 2, Nr. 2 und § 14, Nr. 1 VOB/B aus den tatsächlich erbrachten und entsprechend nachgewiesenen Leistungen.

Einkommensteuer

Bei natürlichen Personen (Einzelunternehmer, siehe dort) ist die individuelle Besteuerung nach ihrer Einkommenshöhe zu bemessen, bei juristischen Personen (z.B. GmbH) gilt entsprechend die Körperschaftsteuer. Die Regelungen im Einzelnen ergeben sich aus dem Einkommensteuergesetz (EStG).

Einzelunternehmer

Die rechtlichen Vorschriften sind in den §§ 1 bis 104 Handelsgesetzbuch (HGB) geregelt.

Die Firma besteht, gegebenenfalls mit einem sachbezogenen Zusatz, aus dem Familiennamen des Inhabers, der sowohl das Unternehmen leitet als auch unbeschränkt mit seiner Kapitaleinlage und seinem Privatvermögen haftet. Die Steuerpflicht besteht für den Einzelunternehmer, der Gewinn und das Vermögen der Unternehmung werden jedoch nicht besteuert.

Entgangener Gewinn

Bei Schadensersatzforderungen kann gegebenenfalls der entgangene Gewinn nach § 252 BGB geltend gemacht werden. Dies ist in der Regel der Gewinn, welcher im Normalfall eingegangen wäre.

Bei einer Kündigung ist im Geltungsbereich der VOB der Auftraggeber nach § 8 VOB/B gegebenenfalls verpflichtet, den entgangenen Gewinn in Form eines Schadensersatzes zu zahlen. Zu bewerten ist dabei, ob eine freie, d.h. ausschließlich im Ermessen des Auftraggebers liegende Kündigung oder eine zwingend notwendig gewordene Kündigung erfolgte.

Erschließung

Die Erschließung umfasst die Anlage von öffentlichen Straßen, Wegen, Plätzen, Parkflächen, Grünflächen sowie die öffentlichen Ver und Entsorgungsanlagen für Wasser, Energie, Abwasser, Wärme usw., die innerhalb eines Baugebietes zur Erschließung der Grundstücke erforderlich sind. Diese Erschließungsmaßnahmen sind Aufgabe der Gemeinde. An den Kosten müssen sich die Grundstückseigentümer in Form eines Erschließungsbeitrages nach den §§ 123 bis 135 BauGB beteiligen.

Fälligkeit der Vergütung

Die Vergütung ist bei der Abnahme des Werks zu entrichten.
Wenn die Bauleistung in Teilen abzunehmen ist, so hat der Bauunternehmer Anspruch auf Vergütung für die einzelnen Teile (§ 641

BGB). Beim Vorliegen von Mängeln kann der Auftraggeber nach der Abnahme die Zahlung eines angemessenen Teils der Vergütung verweigern, jedoch mindestens in Höhe des Dreifachen der für die Beseitigung des Mangels erforderlichen Kosten.

Nach § 641, Abs. 2 BGB ist hervorzuheben, dass der Bauunternehmer einen fälligen Zahlungsanspruch gegen den Auftraggeber hat, wenn dieser von dem Bauherrn für die hergestellte Werkleistung bereits eine Zahlung erhalten hat. Diese Regelung geht von der leidigen Praxis aus, dass vielfach Auftraggeber bezahlt wurden und dies zum Anlass nahmen, über das Vorhandensein von Mängeln die Bauvergütung einzubehalten mit der Folge, dass der Auftragnehmer seine Bauvergütung nicht erhielt.

Fertigstellungsbescheinigung

Die Abnahme des Bauwerks ist grundsätzlich eine Voraussetzung für die Bezahlung der Bauleistungen. Die Fertigstellungsbescheinigung ist durch die Einführung des § 641a BGB ein Abnahmeersatz. Der Abnahme steht es gleich, wenn dem Bauunternehmer von einem Gutachter eine Bescheinigung darüber erteilt wird, dass
– das versprochene Werk im Umfang der vertraglichen Leistung hergestellt ist und
– das Werk frei von Mängeln ist, die der Besteller gegenüber dem Gutachter behauptet hat und die für den Gutachter bei einer Besichtigung feststellbar sind.

Ein Gutachter kann ein Sachverständiger sein, auf den sich Unternehmer und Besteller verständigt haben, oder ein auf Antrag des Unternehmers durch die Industrie- und Handelskammer oder Handwerkskammer bzw. Architektenkammer bestimmter öffentlich bestellter und vereidigter Sachverständiger. Er muss mindestens einen Besichtigungstermin vornehmen.

Mit dem Gesetz zur Beschleunigung fälliger Zahlungen vom 30. März 2000 (veröffentlicht im BGBl. Teil I, Nr. 14, vom 7. März 2000) wurde der § 641 BGB eingeführt und am 1. Mai 2000 in Kraft gesetzt. Dieser § 641 gilt nicht für Verträge, die vor dem 1. Mai 2000 abgeschlossen worden sind.

Die Fertigstellungsbescheinigung selbst soll dem Auftragnehmer ermöglichen, ohne Rechtsstreit die Fälligkeit seiner Schlussrechnung herbeizuführen. Die Fertigstellungsbescheinigung ist prozessual gesehen eine Urkunde, und mit der Vorlage des schriftlichen

Vertrages kann der Bauunternehmer über einen Urkundenprozess seinen Anspruch auf Vergütung unverzüglich durchsetzen.

Mit der Fertigstellung der Bescheinigung umgeht der Bauunternehmer einen lange währenden Bauprozess, obwohl die in Rede gestellten Mängel vielfach durch Sachverständigengutachten, die natürlich auch wieder kostenaufwendig sind, zu widerlegen wären.

Die Fertigstellungsbescheinigung, welche von dem Bauunternehmer erwirkt werden sollte, ist eine Abnahmefiktion und ist unabhängig rechtsverbindlich von dem erklärten Willen des Bauherrn.

Mit der Fertigstellungsbescheinigung ist der Nachweis erbracht, dass die Bauleistung vollendet vorliegt und dass noch ausstehende Leistungen so unbedeutend sind, dass das Werk bei natürlicher Betrachtung als Erfüllung der vertraglich geschuldeten Leistung angesehen werden kann. Es können allenfalls noch unbedeutende Restarbeiten ausstehen.

In der Praxis ist davon auszugehen, dass ein Bauwerk in den meisten Fällen nicht eindeutig ohne Mängel vorliegt. Das Gesetz zielt darauf hin, dass das Werk nicht mit Mängeln behaftet sein darf, die für den Gutachter bei einer Besichtigung feststellbar sind oder vom Besteller behauptet werden. Der Gutachter muss natürlich den vom Besteller behaupteten Mängeln nachgehen, und zwar auch dann, wenn diese nicht ohne weiteres feststellbar sind. Der Gutachter sollte auch im Verfahren über die Fertigstellungsbescheinigung aus dem Werkvertrag heraus die Berechnung der Vergütung überprüfen und gleichwohl ein Aufmaß oder eine Stundenlohnberechnung prüfen. Der Gutachter kann natürlich nur die abgerechneten Leistungen verbal in Augenschein nehmen und überschlägig bewerten, ob die angesetzten Stunden auch angemessen sind.

Neben der Verpflichtung des Gutachters, mindestens einen Besichtigungstermin abzuhalten, hat er den Auftraggeber mindestens zwei Wochen vor dem vorgesehenen Besichtigungstermin einzuladen. Er muss sich auch vom Unternehmer den schriftlichen Vertrag und eventuell erfolgte Änderungsvereinbarungen vorlegen lassen. Ohne Vorlage des Vertrages darf der Gutachter keine Fertigstellungsbescheinigung erteilen.

Der Besteller ist vom Gutachter aufzufordern, ihm die geltend gemachten Mängel bekannt zu geben. Nach § 641a, Abs. 3, Satz 5

BGB ist der Auftraggeber darauf hinzuweisen, dass von ihm gerügte Mängel in der Fertigstellungsbescheinigung unberücksichtigt bleiben, wenn sie erst nach Abschluss der Besichtigung vorgebracht werden. Der Besteller ist auch hinzuweisen auf die Folgen, wenn er die Untersuchung der Bauleistung verweigert.

Festpreis

Ein Festpreis kann im Rahmen eines Bauleistungsvertrages sowohl bei einem Einheitspreisvertrag als auch bei einem Pauschalpreisvertrag vereinbart werden. Er ist dann bindend und eine Änderung ist unzulässig.

Das Risiko bei einem vereinbarten Festpreis trägt überwiegend der Auftragnehmer, da Materialpreiszuschläge, Lohnsteigerungen und Erhöhungen von öffentlichen Lasten in erster Linie ihn treffen.

Grundsätzlich kann davon ausgegangen werden, dass vereinbarte Einheits- oder Pauschalpreise Festpreise sind, es sei denn, in dem jeweiligen Bauleistungsvertrag wurde eine Preisgleitklausel nach § 15 VOB/A vereinbart.

Die Möglichkeit von Preisänderungen kann einvernehmlich geregelt werden oder im Umfange des § 2, Nr. 4 VOB/B infolge von Veranlassungen des Auftraggebers nach Änderungen des Bauentwurfes oder infolge von Forderungen, die im Vertrag bislang nicht aufgenommen worden waren.

Dazu ein Hinweis auf § 2, Nr. 5 und 6 VOB/B.

Flächennutzungsplan

Dieser bezieht sich auf ein spezifisches Gemeindegebiet und sagt aus, welche bauliche Entwicklung in dem Gebiet vorgesehen ist. Er hat die Bodennutzung zum Inhalt und berücksichtigt aber auch die zu erwartenden Bedürfnisse der Kommune. Der Flächennutzungsplan ist die Grundlage zum Bebauungsplan (siehe dort) und verweist auf die Planungsziele der jeweiligen Kommune (§ 5 BauGB).

Formularverträge

Es handelt sich um so genannte Musterverträge auf der Grundlage der Allgemeinen Geschäftsbedingungen (siehe dort). Formularverträge werden sowohl von Architekten als auch beim Fertighausbau bzw. bei der Auftragsübernahme durch Generalunternehmen benutzt.

Hier ist besonders auf unangemessene oder unklare Klauseln zu achten, besonders zum Nachteil des Bauauftragnehmers. Das Gesetz für Allgemeine Geschäftsbedingungen (AGB-Gesetz) enthält in den §§ 10 und 11 entsprechende Verbote.

Selbst der VOB-Vertrag ist juristisch gesehen ein Formularvertrag. Wenn er als Ganzes in einem Bauvertrag einbezogen wird, kann man von dessen Rechtswirksamkeit ausgehen.

Freistellungs-bescheinigung
Siehe unter „Bauabzugsteuer".

Garantie
Die Garantie ist eine zugesicherte Eigenschaft der Bauleistung. Der Auftragnehmer erklärt hierdurch, dass er für eintretende Schäden ohne Verschulden haftbar ist. Bei einem BGB-Werkvertrag wird Bezug genommen auf den § 633, Abs. 1 BGB und bei einem VOB-Vertrag auf § 13, Nr. 1.

Die erbrachte Bauleistung hat – entsprechend dem Umfang der Garantie („Gewährleistung") – die im Vertrag zugesicherten Eigenschaften aufzuweisen. Der Auftragnehmer haftet auch ohne ein Verschulden auf Schadensersatz nach § 635 BGB oder § 13, Nr. 7 VOB/B.

Gefahrtragung
Die Gefahrtragung zeigt an, wer das Risiko trägt, wenn nach Fertigstellung einer Bauleistung eine Zerstörung oder Beschädigung eintritt. Bei einem BGB-Bauvertrag trägt der Bauunternehmer bis zur Abnahme des Bauwerks die Gefahren (§ 644 BGB). Bei einem VOB-Vertrag ist die Gefahrtragung geregelt, indem nach § 12, Nr. 6 VOB/B mit der Abnahme die Gefahrtragung auf den Auftraggeber übergeht. Der Anspruch des Bauunternehmers auf Vergütung ist nach § 6, Nr. 5 VOB/B für den Fall geregelt, dass durch höhere Gewalt das Bauwerk beschädigt oder zerstört wird.

Genehmigungsplanung
Enthalten unter Leistungsphase 4 im § 15 der HOAI-Objektplanung für Gebäude, Freianlagen und raumbildende Ausbauten.

Generalübernehmer
Der Generalübernehmer übernimmt verantwortlich sowohl Planungsleistungen als auch die Bauausführung – ohne unbedingt selbst die Bauleistungen zu erbringen. Er ist dann gegenüber den tatsächlich ausführenden Unternehmen der Auftraggeber.

Auf der Grundlage der Architektenleistung ist er gegenüber dem Bauherrn gehalten, weitere Planungsleistungen zu erbringen oder erbringen zu lassen und die Bauausführungsarbeiten an einzelne Bauunternehmen zu vergleichen, zu koordinieren und zu überwachen. Der Bauherr hat bei Beauftragung eines Generalübernehmers nur mit diesem als Vertragspartner – von der Planung bis zur Ausführung – zu verhandeln und abzurechnen.

Generalunternehmer

Bei Gesamterstellung eines Bauwerks hat der Generalunternehmer die Gewährleistung zu übernehmen, obwohl er selbst zwar wesentliche, aber nicht alle Teile der Bauleistung ausführt. Er vergibt weitere Arbeiten, größtenteils auf Gewerke bezogen, an Nachauftragnehmer (Subunternehmer). Nach § 4, Nr. 8, Abs. 2 VOB/B besteht kein direktes Vertragsverhältnis zwischen Bauherr und Nachunternehmern.

Geschäftsführer

Der gesetzliche Vertreter und zugleich der verantwortliche Leiter einer GmbH. Nach § 6 GmbH-Gesetz kann nur eine natürliche und unbeschränkt geschäftsfähige Person ein Geschäftsführer sein. Die Bestellung des Geschäftsführers erfolgt im Gesellschaftsvertrag, seine Haftung ist im § 43 GmbH-Gesetz geregelt.

Geschossflächenzahl (GFZ)

Die GFZ zeigt an, wie viele Quadratmeter Geschossfläche je Quadratmeter Grundstücksfläche im Sinne des § 19, Abs. 3 BauNVO zulässig sind. Die GFZ wird im Flächennutzungsplan oder Bebauungsplan angegeben, um den Umfang der baulichen Nutzung von Grundstücken festzulegen. Beispiel: eine Größe von 0,5 GFZ bei 1.000 qm Grundstücksfläche beinhaltet 500 qm Geschossfläche.

Gesellschaft bürgerlichen Rechts (GbR)

Hier handelt es sich um einen Verbund mehrerer Personen oder Firmen, als Unternehmen gegründet zur Durchsetzung eines gemeinsam verfolgten Zwecks, z.B. einer Bauleistung. Diese so genannte BGB-Gesellschaft basiert auf den §§ 705 bis 740 BGB. Das Handelsgesetzbuch (HGB) findet keine Anwendung.

In der GbR nehmen die Gesellschafter grundsätzlich die Geschäftsführung gemeinsam wahr: Die Gesellschafter sind jeweils allein rechtsfähig. Die Gesellschaft ist nicht vermögens- und auch nicht körperschaftsteuerpflichtig. In einer GbR haften alle Gesellschafter für Verbindlichkeiten gesamtschuldnerisch unbeschränkt mit ihrem ganzen Vermögen.

Im Bauwesen haben diese Gesellschaften bürgerlichen Rechts besondere Bedeutung für Arbeitsgemeinschaften (ARGE).

Siehe auch unter Arbeitsgemeinschaften bzw. Interessengemeinschaft.

Gesetz zur Beschleunigung fälliger Zahlungen

Dieses Gesetz ist veröffentlicht im Bundesgesetzblatt vom 7. April 2000 (BGBl. 2000 S. 330 ff.). Es ist seit dem 1. Mai 2000 in Kraft.

Der wesentliche Inhalt des Gesetzes besteht darin:
- Änderung der Voraussetzungen für den Zahlungsverzug bei Geldforderungen (§ 284 Abs. 3 BGB),
- Verzugszinsen (§ 288 Abs. 1 BGB),
- Anspruch auf Abschlagszahlungen auch bei BGB-Verträgen nach § 632 a BGB, was bislang nur in VOB-Verträgen bestimmt war,
- keine Abnahmeverweigerung wegen geringfügiger Mängel (§ 640 BGB),
- kein Leistungsverweigerungsrecht des Bestellers bei Bezahlung des Werklohns durch Dritte (§ 641 BGB),
- eine Fertigstellungsbescheinigung als Abnahmeersatz (§ 641 a BGB),
- Verbesserung des Rechts des Auftragnehmers zur Stellung von Sicherheitsleistungen des Bestellers (§ 648 a BGB).

Hervorzuheben ist, dass der Schuldner bei einer Geldforderung nach Fälligkeit und Zugang der Rechnung nach 30 Tagen in Verzug kommt. Es ist auch strafbar, wenn Baugeld eine zweckwidrige Verwendung findet. Mit diesem Gesetz ist auch eine so genannte richterliche Vorabverfügung möglich, in der nach freiem Ermessen dem Bauunternehmer ein angemessener Teil des Werklohnes zugesprochen wird.

Die häufig vorgetragenen Einwendungen gegen die Schlussrechnung eines Bauunternehmers sind durch dieses Gesetz eingeengt, nach dem der Besteller verpflichtet ist, eventuelle Einwendungen gegen die Prüffähigkeit der Schlussrechnung binnen zwei Monate nach Zugang dieser Rechnung anzuzeigen.

Forderungen aus Bauverträgen sollen bei einem Verzug mit einem Zinssatz in Höhe von 8 % über(!) dem jeweiligen Bar-Zinssatz gemäß § 1 des Diskontsatz-Überleistungs-Gesetzes vom 9. Juni 1998 verzinst werden.

Gewährleistung

Die Gewährleistung ist eine Verpflichtung des Auftragnehmers, dass das hergestellte Bauwerk zum Zeitpunkt seiner Abnahme und darüber hinaus die vertraglich zugesicherten Eigenschaften beinhaltet. Das Bauwerk hat den anerkannten Regeln der Technik zu entsprechen und darf keine Fehler aufweisen, die den Wert oder die Tauglichkeit des Bauwerks mindern.

Nach § 633, Abs. 2, Satz 1 BGB ist bei mangelhafter Bauleistung ein Nachbesserungsanspruch gegeben. Der Unternehmer muss die Mängel beseitigen und die hierfür aufgewendeten Kosten für Lohn-, Material- und Transport selbst tragen. Im Fall der nicht gegebenen Möglichkeit der Behebung eines Mangels (siehe auch unter Nachbesserung) kann der Besteller die Neuherstellung verlangen. Nach § 634 BGB hat der Bauherr das Recht, dem Auftragnehmer eine angemessene Frist zur Beseitigung des Mangels zu setzen mit der Androhung, dass die Beseitigung des Mangels nach Ablauf der Frist abgelehnt wird.

Der Bauherr kann nach Ablauf der Frist die Rückgängigmachung des Vertrages (Wandlung) oder Herabsetzung der Vergütung (Minderung) durchsetzen. Beim Vorliegen eines VOB-Vertrages sind die Mängelbeseitigung in § 13, Nr. 5 VOB/B sowie die Minderung in § 13, Nr. 6 VOB/B und der Anspruch auf Schadensersatz in § 13, Nr. 7 VOB/B vorgegeben.

Die Minderung kann dann vorgetragen werden, wenn die Beseitigung der Mängel unmöglich ist oder wenn diese einen verhältnismäßig hohen Aufwand erfordert. Nach der VOB setzen Gewährleistungsansprüche eine Abnahme bzw. eine Fertigstellungsbescheinigung voraus.

Gewährleistungsfrist

Die Verjährungsfrist für Gewährleistungsansprüche ist die Zeit nach der Bauabnahme, in welcher der Auftragnehmer die Verpflichtung für die vertraglich zugesicherten Eigenschaften und die Mangelfreiheit seiner Leistung übernommen hat.

Bei einem BGB-Vertrag sind die Gewährleistungsfristen bei Bauwerken fünf Jahre und bei Arbeiten an einem Grundstück ein Jahr. Bei einem VOB-Vertrag nach § 13 Nr. 4 VOB/B beträgt die Gewährleistung zwei Jahre für Bauwerke und ein Jahr für Arbeiten an einem Grundstück.

Im Falle, dass der Auftragnehmer einen Mangel arglistig verschweigt, ist nach § 195 BGB eine 30-jährige Verjährungsfrist gegeben.

Gleitklausel

In den Bauwerksverträgen sollte eine Vereinbarung aufgenommen werden, dass bei Veränderungen der Lohn- oder Materialkosten eine spätere Änderung vorbehalten wird.

GmbH

Die Gesellschaft mit beschränkter Haftung (GmbH) ist eine Kapitalgesellschaft mit einer selbständigen Rechtspersönlichkeit. Die Gesellschafter haften in der Höhe ihres Kapitalanteiles, die Gesellschaft selbst jedoch uneingeschränkt mit ihrem Vermögen.

Die GmbH ist im Handelsregister unter Angabe der Gesellschafter und des Gesellschafterkapitals eingetragen. Die Verwendung der Bezeichnung GmbH im Namen der Firma ist zwingend vorgeschrieben. Die Zahl der Gesellschafter ist nach oben nicht begrenzt. Es kann sich aber auch um eine 1-Mann-Gesellschaft handeln. Das Mindeststammkapital beträgt 25.000 €.

In einer Gesellschafterversammlung wird der Geschäftsführer bestimmt, jedoch braucht dieser nicht unbedingt auch ein Gesellschafter zu sein. In der Gesellschafterversammlung wird mehrheitlich über den Jahresabschluss abgestimmt. Auch über die Gewinnverwendung ist ein Beschluss herbeizuführen.

Das Gesellschaftsvermögen ist vermögensteuerpflichtig, und für die Gewinne sind Körperschaft- und Gewerbesteuer zu zahlen.

GmbH & Co. KG

Bei dieser Gesellschaft ist die Haftung auf das Stammkapital der Gesellschaft und auf die Einlagen der Kommanditisten beschränkt, diese sind grundsätzlich Gesellschafter der GmbH. Besonderheit einer Kommanditgesellschaft (KG) ist, dass an die Stelle der Haftung des GmbH-Vermögens ein persönlich mit seinem Privatkapital haftender Komplementär unbeschränkt tritt. Die Gründung ist mit den gleichen Formvorschriften wie bei der GmbH verbunden. Auch hier ist die Firmenbezeichnung zwingend vorgeschrieben: GmbH & Co. KG.

Die Gesellschaft wird durch einen oder mehrere Geschäftsführer geführt, deren Befugnisse sich aus dem GmbH-Gesetz ergeben. Die Rechte und Pflichten der Kommanditisten sind in den §§ 161 ff. HGB geregelt.

Diese Rechtsform hat den Vorteil, dass sie im Gegensatz zur GmbH einem verringerten Steuersatz unterliegt und die Haftungsbegrenzung (außer im Betrugsfalle) der Komplementäre auf das Stammkapital der GmbH begrenzt bleibt.

Grundbuch

Der Inhalt des Grundbuches ist ein Verzeichnis bestimmter Grundstücke mit folgenden Nachweisen: Bezeichnung des Grundstücks, dessen Lage und Größe, ehemalige und aktuelle Eigentümer, einschließlich auf dem Grundstück eventuell liegender Belastungen wie Grundschulden, Hypotheken, Grunddienstbarkeiten usw.

Es liegt aus im Grundbuchamt des jeweils zuständigen Amtsgerichtes. Ein Grundbuchblatt hat fünf Teile:
– Aufschrift mit zuständigem Amtsgericht, Grundbuchbezirk sowie Nummer des Grundbuchbandes und Grundbuchblattes,
– Bestandsverzeichnis,
– Abteilung I mit Eigentümern,
– Abteilung II Belastungen aus Grunddienstbarkeiten, Nießbrauchrechten, Erbbaurechten, Vorkaufsrechten usw.,
– Abteilung III Hypotheken, Grundschulden usw.

Grundflächenzahl (GRZ)

Nach § 17 der BauNVO (Baunutzungsverordnung) variiert die GRZ (Grundflächenzahl) zwischen 0,2 bei Siedlungsgebieten und 1,0 in Kerngebieten. Die GRZ wird errechnet aus:

$$\frac{\text{Grundfläche in Quadratmetern}}{\text{Grundstücksfläche in Quadratmetern}}$$

Handwerksordnung

In dieser Ordnung sind die Befähigungsnachweise im Handwerk geregelt und die Vorschriften über die Handwerksorganisation enthalten. Beratung und Auskunft über die nächstgelegene zuständige Handwerkskammer.

HOAI - Honorarordnung für Architekten und Ingenieure

Diese Honorarordnung für Architekten und Ingenieure wird von Zeit zu Zeit neu gefasst bzw. der Entwicklung angepasst. Sie ist leistungsbezogen, so dass auch Handwerker oder Berufsfremde danach ihre Honorare für Bauplanung, Baubetreuung oder Bauberatung dem Auftraggeber in Rechnung stellen können, falls sie Leistungen erbringen, die inhaltlich durch das Regelwerk der HOAI erfasst worden sind. Im Prinzip richtet sich das Honorar nach der schriftlichen Vereinbarung, die von den Vertragsparteien bei Auftragserteilung im Rahmen der in der HOAI festgesetzten Mindest/Höchstsätze getroffen wurde.

Das Leistungsbild, nach dem sich die Honorierung richtet, ist gemäß § 2, Abs. 1 HOAI in Grundleistungen und Besondere Leistungen untergliedert. Die Grundlagen der Honorarermittlung für Gebäude, Freianlagen und raumbildende Ausbauten sind in § 10, Abs. 1 HOAI geregelt.

Die Mindestsätze stellen ohne ausdrückliche Vereinbarung der Vertragsparteien die übliche Vergütung im Sinne des § 632 BGB dar. Die Höchstsätze dürfen nach § 4, Abs. 3 HOAI nur bei außergewöhnlichen oder langandauernden Leistungen durch schriftliche Vereinbarung überschritten werden. Dies muss bereits bei Auftragserteilung schriftlich vereinbart werden (siehe Fußnote Seite 110).

Höhere Gewalt

Hierunter werden außergewöhnliche bzw. unvorhersehbare Ereignisse verstanden, die auch bei großer Sorgfalt nicht verhindert werden können und die auch wegen ihres bislang kaum oder nicht bekannten Auftretens von den Vertragsparteien nicht in Rechnung zu stellen und mithin in Kauf zu nehmen sind. Dies gilt besonders für Naturereignisse, mit denen erfahrungsgemäß nicht zu rechnen ist.

Im Falle höherer Gewalt steht dem Auftragnehmer nach § 6, Ziff. 2, Abs. 1 c VOB/B eine Verlängerung der Vertragsfristen zu. Nach § 7 VOB/B ist bei einer Zerstörung oder Beschädigung der Bauleistung infolge höherer Gewalt ein Zahlungsanspruch auf die bereits erbrachten Leistungen und entstandenen Kosten nach § 6 Nr. 5 VOB/B entstanden.

Bei geringstem Verschulden eines Vertragspartners ist die Entlastung bei einem außergewöhnlichen Ereignis durch höhere Gewalt ausgeschlossen. Es sei denn, dieses Ereignis ist ein betriebsfremdes Ereignis außerhalb des vertragsgemäßen Ablaufs.

Zum Schutz gegen Schäden, auch aus höherer Gewalt, kann eine so genannte Bauwesenversicherung abgeschlossen werden.

Instandhaltung

Die Beseitigung von kleineren Schäden am Anlagevermögen eines Unternehmens gilt als Instandhaltung. Im Bauwesen umfasst die Instandhaltung die laufenden Reparaturen während der Vorhaltezeit, um das betreffende Gerät auf der Baustelle einsatzbereit zu halten.

Instandsetzung

Hier handelt es sich im Gegensatz zur Instandhaltung um alle erforderlichen Maßnahmen zur vollständigen Überholung von Gegenständen des Anlagevermögens, um diese wieder in einen gebrauchsfähigen Zustand zu versetzen. Die Instandsetzung umfasst alle Reparaturen außerhalb der Vorhaltezeiten, um das betreffende Gerät für einen neuen Baustelleneinsatz in den bestmöglichen Betriebszustand zu versetzen und die volle Leistungsfähigkeit zu gewährleisten.

Interessengemeinschaft

Zusammenschluss mehrerer Unternehmen als Gewinngemeinschaft zur Wahrung und Förderung gemeinsamer Interessen aus Gründen der Risikominderung und der Wirtschaftlichkeitsverbesserung. Die beteiligten Unternehmungen bleiben rechtlich selbständig und geben keinesfalls ihre wirtschaftliche Selbständigkeit auf. Im Regelfall ist eine Interessengemeinschaft eine Gesellschaft bürgerlichen Rechts nach § 705 f BGB.

Siehe auch unter Arbeitsgemeinschaft bzw. Gesellschaft bürgerlichen Rechts.

Kalkulation

Die Kalkulation ist Bestandteil der Kosten- und Leistungsrechnung (KLR), mit der sowohl ein Angebotspreis oder nach Fertigstellung einer Leistung überprüft wird, ob die zuvor angenommenen Kosten zutreffend sind.

Vor Auftragserteilung ist eine Vorkalkulation mit dem Angebot zu erarbeiten, und nach der Auftragserteilung eine Arbeitskalkulation sowie eine Nachkalkulation zu erstellen.

Bei einem offensichtlichen Kalkulationsirrtum sollte der Auftraggeber den Auftragnehmer sofort darauf hinweisen, damit der Vertrag diesen Irrtum inhaltlich ausgrenzen kann.

Im Bauwesen findet die Zuschlagskalkulation Anwendung, indem alle direkten Kosten für die einzelnen Leistungen ermittelt werden. In der nächsten Phase werden dann die Bereitschafts- oder Gemeinkosten der Baustelle sowie die umsatzbezogenen Bereitschaftskosten des Unternehmens erfasst und prozentual auf die einzelnen Teilleistungen umgelegt.

Kapazität

Das ist die auf die betreffende Baustelle bezogene Leistungsfähigkeit von Geräten und Arbeitskräften eines Unternehmens.

Kapitalgesellschaften

Diese Gesellschaften bestehen im Gegensatz zu Personengesellschaften aus Kapital-Beteiligungen (Gesellschaftskapital). Besondere Merkmale sind:

Die Gesellschafter haften beschränkt auf die Höhe ihrer Kapitaleinlage. Die persönliche Haftung der Gesellschafter für Verbindlichkeiten besteht nicht. Wegen der beschränkten Haftung ist ein Mindestkapital vorgeschrieben. Übersteigen die Verbindlichkeiten das Finanzvermögen der Gesellschaft, muss dies zwangsläufig zur Auflösung des Unternehmens führen.

Mit der Eintragung in das Handelsregister wird die Kapitalgesellschaft eine juristische Person und besitzt damit eine Rechtspersönlichkeit. Voraussetzung ist die notarielle Beurkundung der Gesellschaftsverträge, teilweise auch des Inhalts dieser Verträge. Kapitalgesellschaften sind: Gesellschaften mit beschränkter Haftung (GmbH), Aktiengesellschaften (AG), Kommanditgesellschaften auf Aktien (KGaA) sowie eingetragene Genossenschaften (eG).

Kaufvertrag

Ein gegenseitiger Vertrag nach den §§ 433 ff. BGB aus dem Schuldrecht, wonach der Verkäufer verpflichtet ist, dem Käufer den Gegenstand zu übergeben und das Eigentum zu verschaffen, während sich der Käufer verpflichtet, den Kaufpreis zu zahlen und die gekaufte Sache abzunehmen.

Gegenstand von Kaufverträgen sind sowohl bewegliche Sachen wie auch Grundstückskaufverträge, die schriftlich abzufassen und notariell zu beurkunden sind. Sonstige Kaufverträge unterliegen keinen Formvorschriften.

Kaution

Sowohl eine Bürgschaft als auch für den Vertragspartner eine Sicherheitsleistung, um gegebenenfalls in der Folgezeit Forderungen abzusichern oder aufrechnen zu können.

Konkurs

Der Konkurs ist ein vom Gericht angeordnetes Verfahren unter der Voraussetzung, dass der Schuldner zahlungsunfähig ist oder dass sich eine Kapitalgesellschaft überschuldet hat. Ziel des Konkursverfahren ist die Aufteilung des Gesamtvermögens des Schuldners zur gleichmäßigen Befriedigung aller Gläubiger. Den Antrag hierfür können sowohl die Schuldner als auch die Gläubiger der Gesellschaft nach § 103 Konkursordnung (KO) stellen.

Der oder die Schuldner verlieren nach der Eröffnung des Konkursverfahrens durch das zuständige Amtsgericht die Verfügung über das Vermögen, und ein eingesetzter Konkursverwalter nimmt eine Erfassung der Konkursmasse vor.

Zur Befriedigung ihrer Ansprüche sind die Gläubiger gehalten, innerhalb einer Frist ihre Forderungen anzumelden. Nach § 61 KO (Konkursordnung) werden die Konkursforderungen nach einer festgelegten Rangfolge berücksichtigt.

Nach einem Prüfungstermin und einer Kontrolle der angemeldeten Forderungen werden diese in eine Konkurstabelle aufgenommen. Es folgt sodann die Verteilung aller vom Konkursverwalter erzielten Verkaufserlöse an die Gläubiger, wobei zuerst die bevorrechtigten Forderungen und die angefallenen Gerichtskosten sowie die noch ausstehenden Steuern beglichen werden.

Im Laufe des Konkursverfahrens wird ermittelt, inwieweit die Konkursmasse ausreichend ist, um die Verfahrenskosten zu decken. Dies hat zur Folge, dass das Konkursverfahren durch Gerichtsbeschluss eingestellt wird.

Auf Vorschlag der Schuldner und der nicht bevorrechtigten Gläubiger kann ein Zwangsvergleich herbeigeführt werden, der die weitere Führung des Unternehmens durch einen teilweisen Forderungsverzicht oder auch Stundung der Gläubiger sicherstellt. In diesen Fällen muss der Schuldner exakt angeben, inwieweit er in einem Vergleichsverfahren in der Lage ist, die Gläubiger zu befriedigen und welche Sicherheiten er hierfür anbietet.

Ein Zwangsvergleich setzt voraus, dass die bevorrechtigten Forderungen und auch die nicht bevorrechtigten mit einer Mindestquote von 20 % zufriedengestellt sind, und die Mehrheit der nicht berechtigten Gläubiger hat hierfür Zustimmung zu erteilen. Das Konkursgericht hebt dann das Konkursverfahren nach Abhaltung eines Schlusstermins auf.

Kosten eines Bauunternehmens

Grundsatz ist, dass die Kosten den Leistungen als Ergebnis der betrieblichen Abläufe gegenüberstehen müssen.

Die Kostenberechnung wie aber auch die Kostenermittlung werden nach der DIN 276 vorgenommen: bei einem Kostenanschlag werden die zu erwartenden Kosten durch eine Zusammenstellung von Angeboten, Berechnungen und Gebühren sowie bereits angefallenen Kosten ermittelt. Die Kostenanschläge sind Grundvoraussetzung für eine Vergabeentscheidung und sind auch ein Mittel der Kontrolle während der Bauausführung.

An Kostenarten werden unterschieden:
– Löhne und Gehälter,
– Materialien,
– Kosten für Materialien der Rüst- und Schalarbeiten sowie Hilfs- und Betriebsstoffe,
– Gerätekosten,
– Betriebs- und Baustellenausstattungskosten,
– Fremdarbeiter,
– Nachauftragnehmerleistungen.

Kostenschätzung

Es handelt sich um eine Überschlagsrechnung, die ebenfalls nach der DIN 276 durchgeführt wird. Im Rahmen einer Architektenleistung gehört die Kostenschätzung zur Leistungsphase 2 (Vorplanung) und ist eine Kostenermittlung nach der HOAI (siehe dort).

Kündigung

Im Baurecht handelt es sich hier um die Aufhebung eines Bauvertrages durch eine einseitige Erklärung. Voraussetzung ist, dass die Kündigungserklärung dem Vertragspartner vertragsgemäß zugeht.

Bei einem VOB-Vertrag ist die Kündigung durch den Auftraggeber im § 8 und die Kündigung durch den Auftragnehmer im § 9 geregelt. Im Falle eines BGB-Werkvertrages hat der Auftraggeber (Bauherr) nach § 649 BGB die Möglichkeit, den Vertrag jederzeit zu kündigen.

Die Rechtsfolgen einer Kündigung sind unterschiedlich. Falls kein wichtiger Grund für den Auftraggeber vorliegt, kann der Auftragnehmer die vereinbarte Vergütung beanspruchen. Nach § 649, Satz 2 BGB muss der Auftragnehmer sich jedoch dasjenige anrechnen lassen, was er durch die anderweitige Verwendung seiner Arbeitskraft erworben hätte oder zu erwerben böswillig unterlässt.

In dem Falle, in dem der Auftraggeber die Kündigung aus einem wichtigen Grund ausgesprochen hat, entfällt der Werklohnanspruch des Auftragnehmers für die noch nicht ausgeführte Leistung.

Im § 8 VOB/B sind die wichtigsten Kündigungsgründe aufgeführt,
- ohne wichtigen Grund in § 8 Nr. 1,
- Verlust der finanziellen Leistungsfähigkeit des Auftragnehmers in § 8 Nr. 2 Abs. 1,
- Vertragsverletzung des Auftragnehmers bei mangelhafter oder vertragswidriger Leistung,
- Verzögerungen des Ausführungsbeginns oder Verzug nach den abgeschlossenen Vertragsterminen.

Der Auftragnehmer hat laut § 9 VOB/B zwei hauptsächliche Gründe zu kündigen: den Annahmeverzug des Auftraggebers nach § 9, Nr. 1 a VOB/B oder den Schuldnerverzug des Auftraggebers, ebenfalls nach § 9, Nr. 1 b VOB/B. Im Prinzip kann der Auftragnehmer also nur kündigen aus wichtigen Gründen und nach einer vergeblichen Fristsetzung mit Kündigungsandrohung gemäß § 9, Nr. 2 VOB/B.

Bei einer Insolvenz (Zahlungsunfähigkeit) des Auftragnehmers soll der Auftraggeber den Vertrag kündigen können, und zwar bereits bei Zahlungseinstellung oder bei Beantragung eines Insolvenzverfahrens bzw. wenn dessen Eröffnung mangels Masse abgelehnt wird.

Kündigungen, gleichviel ob vom Auftraggeber oder Auftragnehmer, sind schriftlich zu erklären.

Zur Kündigung von Verträgen muss nochmals hervorgehoben werden, dass der Auftraggeber nach VOB/B § 5, Nr. 4, die Wahl hat, ob er den Vertrag aufrechterhält oder Schadensersatz verlangt oder ob er im Sinne VOB/B § 8, Nr. 3, den Vertrag kündigt.

Im Fall, dass der Auftraggeber das Vertragsverhältnis mit dem Auftragnehmer beenden will, muss er zunächst nach VOB/B § 5, Nr. 4, dem Auftragnehmer eine angemessene Frist zur Vertragserfüllung setzen und erklären, dass er ihm nach fruchtlosem Ablauf der Frist den Auftrag entziehen wird (VOB/B § 8, Nr. 3).

Bei schwerwiegenden und schuldhaften Vertragsverletzungen bedarf es einer solchen Fristsetzung nicht. Der Auftraggeber kann dann den Auftrag auch unverzüglich entziehen.

Bei einer Kündigung im Arbeitsrecht sind die ordentliche und die außerordentliche Kündigung zu unterscheiden.

Die Gründe für eine außerordentliche fristlose Kündigung sind in den §§ 626 und 627 BGB genannt.

Eine ordentliche Kündigung kann bei einem Arbeitsverhältnis auf unbestimmte Zeit erfolgen. Zu beachten ist stets das Gesetz zur Vereinheitlichung der Kündigungsfristen für Arbeiter und Angestellte – Kündigungsfristengesetz vom 15. Oktober 1993.

Im Bauwesen gibt es die Grundkündigungsfristen nach § 12, Nr. 1 BRTV (Bundesrahmentarifvertrag). Hier sind sechs Werktage und bei längerer Zugehörigkeit von über sechs Monaten zwölf Werktage als Kündigungsfristen bestimmt.

Kurzarbeit

Bei einer Herabsetzung der täglichen Arbeitszeit erfolgt gleichzeitig eine Reduzierung des Arbeitsentgeltes. Für die Dauer der Kurzarbeit erhalten die Bauarbeiter ein Kurzarbeitergeld von der Bundesanstalt für Arbeit, soweit nach § 64 AFG (Arbeitsförderungsgesetz) folgende Voraussetzungen gegeben sind:
– der Arbeitsausfall umfasst einen Zeitraum von mindestens vier Wochen,
– mindestens ein Drittel der tatsächlich Beschäftigten wird vom Arbeitsausfall betroffen,
– die Arbeitszeit wird um mehr als 10 % gekürzt.

Leistungsbeschreibung In einem Bauvertrag ist die Leistungsbeschreibung das Kernstück, wonach die zu erbringenden Bauleistungen eindeutig und umfassend bezeichnet sein sollen. Es gehört zum Standard, dass gemäß § 9, Nr. 10 bis 12 VOB/A bei privaten Auftraggebern von Hochbauleistungen die Leistungsbeschreibung als Bauleistung erschöpfend beschrieben sein muss. Vielfach wird die Leistungsbeschreibung mit einem Leistungsprogramm herausgegeben. Die Ausschreibung und Vergabe von Bauleistungen ist in der DIN 1960 (VOB/A) bezeichnet.

Nach § 6 VOB/A ist das Angebotsverfahren darauf abzustellen, dass der Bewerber die Preise, die er für seine Leistungen fordert, in die Leistungsbeschreibung einsetzt oder in anderer Weise in seinem Angebot angeben muss.

Die Leistungsbeschreibung in einem Leistungsverzeichnis gemäß § 9, Nr. 6 VOB/A muss eine allgemeine Darstellung der Bauaufgabe (Baubeschreibung) enthalten und die Teilleistungen sollen in Einzelpositionen gegliedert sowie mit einem detaillierten Leistungsverzeichnis beschrieben werden.

Zur Vereinfachung einer Leistungsbeschreibung kann die Leistung durch ein Leistungsprogramm dargestellt werden, welches eine wesentliche Vereinfachung für den Anbieter darstellt.

Der Auftraggeber sollte zumindest eine kurze Baubeschreibung mit einer Objektplanung im Maßstab 1:200 bzw. eine Vorplanung entsprechend der Leistungsphase 2 des § 15 der HOAI übergeben. Bei einem komplizierteren Bauvorhaben sind eine funktionale Baubeschreibung mit Angaben über den Qualitätsstandard mit einer Objektplanung und zudem ein Raumbuch sowie eine Entwurfsplanung für die Gebäudetechnik im Maßstab 1:100 vorzugeben.

Im Leistungsprogramm muss der Auftraggeber den Zweck der fertigen Leistungen sowie die an den Unternehmer gestellten technischen, wirtschaftlichen, gestalterischen und funktionsbedingten Anforderungen angeben.

Im § 9, Nr. 10 VOB/A ist ein Leistungsprogramm gefordert, dessen Beschreibung neben der Aufgliederung der Leistung die Gesamtheit der Unterlagen bezeichnen soll, woraus der Auftragnehmer die zu erbringende Leistung und ihre technischen Begleitumstände eindeutig ersehen kann. Mit der Leistungsbeschreibung sind die Teilleistungen in Positionen zu untergliedern: Bei besonderen Arbeiten sind auch die Arbeitsvorgänge zu unterteilen und nach Bauwerksteilen zu untergliedern.

Leistungsfähigkeit

Im § 8, Nr. 3 VOB/A sind die Anforderungen an den Bewerber oder Bieter von Bauleistungen wie folgt benannt:
- der Umsatz des Anbieters in den letzten drei abgeschlossenen Geschäftsjahren,
- Bezeichnung der ausgeführten Leistungen in den letzten drei Jahren,
- die in den letzten drei Jahren beschäftigten Arbeitskräfte, untergliedert nach Berufsgruppen,
- die dem Anbieter für die Ausführung der zu vergebenden Leistung zur Verfügung stehenden technischen Ausrüstungen.

Bei der Betrachtung der Leistungsfähigkeit ist auch hervorzuheben, dass Bewerber von der Teilnahme an einem Wettbewerb auszuschließen sind, wenn das Vermögen durch ein Konkursverfahren gefährdet oder der Anbieter sich bereits in Liquidation befindet bzw. seinen Verpflichtungen zur Zahlung von Steuern und Abgaben nicht nachgekommen ist.

Leistungsverweigerungsrecht

Der Auftraggeber kann bei umfangreichen Mängeln diesen mit einem Mängelbeseitigungsanspruch begegnen und bis zur Abnahme des Werkes gleichwohl die Vergütung im Sinne des § 320 BGB verweigern.

Mängelanzeige

In § 13, Nr. 5 VOB/B ist die Mängelrüge bezeichnet, mit der ein Auftraggeber innerhalb der Gewährleistungsfrist seine Mängelbeseitigungsforderung dem Auftragnehmer schriftlich anzeigt. Die Mängel müssen konkret bezeichnet werden. Die Mängelanzeige bzw. Mängelrüge führt zu einer Unterbrechung der Verjährung.

In einem BGB-Bauwerksvertrag ist der Begriff des Mangels nm § 633, Abs. 1 benannt: Ein Mangel liegt vor, wenn die Leistung nicht vertragsgerecht erbracht wurde sowie den anerkannten Regeln der Technik nicht entspricht oder mit Fehlern behaftet ist, die den Wert oder die Tauglichkeit nach dem Vertrag aufhebt oder mindert. Die Mängelanzeige ist in dem Zeitraum der Verjährungsfrist für den gesetzlichen Gewährleistungsanspruch möglich.

Es besteht ein Recht auf Minderung des Werklohnes nach § 13, Nr. 6 VOB, und Schadensersatzansprüche können lediglich bei wesentlichen Mängeln nach § 13, Nr. 7, Abs. 1 VOB/B gefordert werden.

Ein Mangel an einem Bauwerk kann auch auf einer mangelhaften Architektenleistung in Form einer fehlerhaften Planung oder unzureichenden Bauüberwachung beruhen. Im Falle von Planungsfehlern des Architekten entfällt ein Nachbesserungsrecht, sofern die Planung durch entsprechende Bauarbeiten bereits realisiert wurde. Daher besteht lediglich ein Recht auf Minderung bzw. Kürzung des Architektenhonorars oder bei Verschulden des Architekten ein Anspruch auf Schadenersatz.

Minderung

Nach § 113, Nr. 6 VOB/B ist die Minderung ein Gewährleistungsanspruch, und es wird darunter eine nachträgliche Herabsetzung der Vergütung auf Verlangen des Auftraggebers wegen mangelhafter Bauleistungen verstanden. Die Minderung kommt nur dann in Frage, wenn eine Mängelbeseitigung nicht mehr vorgenommen werden kann. Auch bei einem unverhältnismäßigen Aufwand für die Mängelbeseitigung ist eine Minderung der Vergütung anwendbar.

Nachbesserung

Im Werkvertragsrecht ist dies eine kostenlose nachträgliche Beseitigung vorhandener Mängel durch den Bauauftragnehmer im Rahmen seiner Gewährleistungspflichten: Es wird verwiesen bei einem BGB-Werkvertrag auf § 633 BGB und bei einem VOB-Werkvertrag auf § 13, Nr. 5 VOB/B.

Nachfrist

Diese findet Anwendung bei mangelhaften Leistungen durch den Bauunternehmer. Jedoch kann der Auftraggeber eine Rückgängigmachung des Vertrages (Wandelung) oder Herabsetzung der Vergütung (Minderung) nur dann verlangen, wenn er dem Bauunternehmer eine angemessene Frist mit der Erklärung gesetzt hat, dass er die Beseitigung des Mangels nach Ablauf einer Nachfrist ablehnt (§ 634 BGB).

Die Nachfrist muss angemessen sein, so dass der Auftragnehmer die Zeit hat, die Mängel ordnungsgemäß zu beheben. In der VOB/B wird verwiesen auf § 5, Nr. 4, § 14, Nr. 4, § 16, Nr. 5, Abs. 3 und § 17, Nr. 6 Abs. 3.

Nachtrags-vereinbarung

Im Baugeschehen ist es gängige Praxis, dass ein Unternehmer zusätzliche Arbeiten auszuführen hat. Bei einem BGB-Bauvertrag steht es den Vertragspartnern natürlich frei, sich über Art und Umfang von zusätzlichen Arbeiten zu einigen. Grundsätzlich ist der Auftragnehmer jedoch nicht verpflichtet, zusätzliche Arbeiten auszuführen.

In einem VOB-Bauvertrag ist der Unternehmer jedoch nach § 1, Nr. 4 verpflichtet, nicht vereinbarte Leistungen, die zur Ausführung von vereinbarten Leistungen erforderlich sind, auf Verlangen des Auftraggebers auszuführen. Das gilt jedoch nicht, wenn das Unternehmen auf derartige Leistungen nicht eingerichtet ist oder die technischen oder die Kapazitätsvoraussetzungen nicht vorhanden sind.

Nutzungsänderung

Bei der Änderung der Nutzung eines bestehenden Bauwerks liegt in der Regel eine Genehmigungspflicht vor. Zwingend erforderlich ist es, wenn tragende Bauteile beseitigt oder umgesetzt werden. Die Genehmigungsverpflichtung kann sich auch aus der Bauplanung oder auch aus den Gründen des Bauordnungsrechts herleiten.

Nutzungsuntersagung

Erst nach Vorliegen einer entsprechenden Baugenehmigung darf ein Bauherr ein Bauvorhaben errichten oder ändern. Baut der Bauherr ohne die erforderliche Genehmigung, so kann die Bauaufsichtsbehörde verfügen:
– Einstellung der Bauarbeiten (Stilllegung),
– Beseitigung der baulichen Werke bzw. von Teilen (Abbruchsanordnung),
– die Nutzung der baulichen Anlage zu untersagen (Nutzungsuntersagung).

Pauschalpreis

Eine Gesamtbauleistung ist nach einem Pauschalpreisvertrag mit einem Pauschalpreis zu vergüten. Die zu erbringende Werkleistung wird nach so genannten Einheiten ermittelt. Diese können sein: Materialien nach Stückzahlen, Gewicht, Fläche, Kubikmeter umbauter Raum oder aber auch die geleisteten Stunden. Diese Einheiten werden mit einem Einheiten-Preis errechnet auf Basis des abgeschlossenen Bauvertrages, in dem die ungefähre Anzahl der Einheiten vereinbart ist, während die endgültige Leistung im Rahmen des späteren Aufmaß nach Herstellung des Werkes ermittelt wird (§ 2 Ziff. 2 VOB/B, § 5 Ziff. 1 a VOB/A).

Gegenwärtig werden viele Bauleistungen nach einem Pauschalpreisbauvertrag vereinbart. Der im Vertrag fixierte Endbetrag bezieht sich dann auf die gesamte Bauleistung. In Zukunft werden diese fix vereinbarten Endbeträge in der Baupraxis an Bedeutung weiter zunehmen und sich nicht nur – wie schon lange üblich – auf den Fertighausbau beziehen.

Bei einem krassen Missverhältnis zwischen Leistung und Preisbestimmung kann im Nachhinein eine Anpassung vorgenommen werden. Nach der gegenwärtigen Rechtsprechung ist eine Anpassung angeraten, wenn sich das Preis-Leistungsgefüge um mehr als 20 % gegenüber dem Zeitpunkt des Vertragsabschlusses verändert hat.

Der bauleistende Auftragnehmer hat in diesem Fall die Darlegungslast für seine zu einem späteren Zeitpunkt gemachte Feststellung, dass zum Beispiel eine Zusatzvergütung notwendig ist. Dazu wird verwiesen auf ein Urteil des Bundesgerichtshofes (BGH) vom 15. April 1999, Az: VII ZR 211/98.

Pflichtverletzungen

Für eine Ersatzpflicht des Bauunternehmers werden die leistungsbezogenen Pflichtverletzungen nach den §§ 280, 281 BGB erfasst. Bei erfolgloser Fristsetzung kann bei einer mangelhaften Leistung Schadensersatz verlangt werden.

Planfeststellungsverfahren

Ein förmliches Verwaltungsverfahren, in das alle Planungsbeteiligten einbezogen sind. Es wird angewendet bei öffentlichen Bauvorhaben und besonders im Bereich des Verkehrswesens sowie bei öffentlicher Versorgung. Die Regelungen erfolgen nach dem Verwaltungsverfahrensgesetz (VwVfG).

Positive Vertragsverletzung

Danach liegt die schuldhafte Verletzung einer vertraglichen Verpflichtung vor, die über die Nichterfüllung eines Vertrages hinausgeht und damit im weiteren Sinne eine so genannte Schlechterfüllung darstellt.

Dem Geschädigten stehen dann Schadensersatzansprüche oder aber auch ein Rücktrittsrecht nach den §§ 280 und 286 BGB zu. Eine positive Vertragsverletzung kann auch daraus begründet sein:
– Verletzung von Mitwirkungspflichten durch den Auftraggeber (§ 3, Nr. 1, 2 und 4 VOB/B),

- Verletzung von Koordinierungspflichten durch den Auftraggeber (§ 4, Nr. 1, Abs. 1 VOB/B),
- eigenmächtiges Abweichen vom Vertrag durch den Auftragnehmer (§ 2, Nr. 8 VOB/B),
- unterlassene Anzeige eines Fundes durch den Auftragnehmer (§ 4, Nr. 9 VOB/B).

Preisänderung

Bei Vorliegen einer Über- bzw. Unterschreitung des Mengenansatzes um mehr als 10 % sollte eine Vertragsänderung über eine entsprechende Preisänderung erfolgen.

Eine solche verändernde Vereinbarung ist jedoch vor der Ausführung abzuschließen, wobei der Auftragnehmer unter Angabe seiner Änderungsgründe dem Auftraggeber eine neue Preisvereinbarung innerhalb von 24 Werktagen nach Zugang gemäß § 16 Abs. 2 und 3 VOB/B anzeigen muss.

Sollten ganze Positionen entfallen, so ist dies nicht als Minderleistung zu werten, vielmehr wäre hier eine Teilkündigung des Vertrages nach § 8, Nr. 1 VOB/B anzuraten.

Der neue Preis ist unter Berücksichtigung der gegebenen Mehr- und Minderkosten auf der Grundlage der ursprünglichen Preiskalkulation zu ermitteln und nachzuweisen.

Preisgleitklausel

Eine Preisgleitklausel im Vertrag aufzunehmen setzt voraus, dass schon bei Vertragsabschluss wesentliche Änderungen der Preisermittlungsgrundlagen, deren Eintritt oder Ausmaß ungewiss ist, erwartet werden. Solche Gleitklauseln können sein: Baustoff-, Lohn-, Steuer- oder Umsatzsteuergleitklausel.

Produzentenhaftung

Dies bedeutet, dass der Hersteller auch für Folgeschäden haftet, welche durch die Nutzung der von ihm hergestellten Produkte entstehen.

Es gibt eine EU-Richtlinie vom 1. Januar 1990: nach dieser Rechtsnorm ist der Hersteller verpflichtet, für den Schaden zu haften, der durch einen Fehler seines Produktes entstanden ist, und zwar unabhängig davon, ob er diesen verschuldet hat.

Ein komplettes Bauwerk oder eine Bauleistung fällt nicht in diesem Sinne unter die Produzentenhaftung, jedoch wäre dies bei Schäden durch Fehler an Bauteilen oder Baustoffen der Fall.

Das Projektmanagement wird in der DIN 69901 als Gesamtheit von Führungsaufgaben für die Abwicklung eines Projekts dargestellt. Die Errichtung eines Bauobjekts muss mittels der Projektsteuerung vorausschauend behandelt, bearbeitet und geplant werden. Seine Durchführung muss gesteuert und koordiniert werden, wobei Abläufe und Ergebnisse unter Kontrolle stehen müssen.

§ 31 HOAI beinhaltet die Projektsteuerung des Architekten. Der Architekt erledigt dabei auch Auftraggeberfunktionen. Das erforderliche Honorar kann frei vereinbart werden, ist aber bei Auftragserteilung schriftlich festzuhalten.

Prüfbare Rechnung

In der VOB/B ist geregelt, dass nach § 14, Nr. 1 der Bauauftragnehmer gehalten ist, seine Leistung prüfbar abzurechnen. Die Fälligkeit der Schlusszahlung ist gemäß § 16, Nr. 3, Abs. 1 VOB/B an die Vorlage der prüffähigen Schlussrechnung gebunden. Der Bauherr muss die Möglichkeit haben, die Abrechnung des Bauunternehmers/Handwerkers nachzuvollziehen, um berechtigte Einwendungen erheben zu können.

Nach § 8 HOAI wird das Honorar für einen Architekten erst dann fällig, wenn eine prüffähige Schlussrechnung vorliegt.

Der Zahlungsanspruch einer Rechnung ist in der DIN 4991 wie folgt dargestellt:
– Empfängeranschrift,
– Zeichen und Daten der Bestellung,
– Auftragszeichen,
– Rechnungsnummer,
– Rechnungsdatum,
– Leistungs- und Warenbezeichnung sowie Menge,
– weitere Angaben, wie Zahlungsbedingungen, Eigentumsvorbehalte.

Nach § 14, Nr. 3 VOB/B soll eine Schlussrechnung mindestens zwölf Werktage nach der Fertigstellung eingereicht sein bzw. nach einer vertraglichen Ausführungsfrist von maximal drei Monaten.

Sachverständiger

Der Sachverständige hat im Wesentlichen einem Unkundigen in Form von Beratungen und Begutachtungen aufgrund spezifischer Fachkenntnisse Erklärungen zu geben, aus denen sich dieser ein eigenes Urteil bilden kann.

Öffentlich bestellte und vereidigte Sachverständige werden durch die Industrie- und Handelskammern und durch die Handwerkskammern bestellt und vereidigt.
Es wird verwiesen auf §§ 36 und 47 Gewerbeordnung (GewO).

Schadensersatz

Der Geschädigte kann einen Anspruch auf Ausgleich des Schadens geltend machen, wobei stets ein Zusammenhang zur Verursachung vorliegen muss. Voraussetzung ist stets Vorsatz oder Fahrlässigkeit bei der Herbeiführung eines Schadensfalles (§ 276 BGB).

Im Werkvertragsrecht ergibt sich ein Schadensersatzanspruch aus § 635 BGB, der dort an die Stelle der Ansprüche auf Nachbesserung, Wandelung oder Minderung tritt.

Bei einem VOB-Bauvertrag ergeben sich Schadensersatzansprüche aufgrund von Behinderungen und Unterbrechungen nach § 6, Nr. 6 VOB/B. Bei einem Verschulden der anderen Vertragspartei führt dies zu einem Ersatz des tatsächlich entstandenen Schadens.

Der Auftraggeber als Gläubiger kann Schadensersatz statt einer Leistung verlangen, wenn der Auftragnehmer als Schuldner seine Leistungsverpflichtung nicht erfüllen kann.

Schadensersatzansprüche können geltend gemacht werden bei leistungsbezogenen Pflichtverletzungen. Dies ist aber auch bei leistungsfremden Pflichtverletzungen möglich, wenn diese wesentlicher Art sind und deren Ausführung dem Auftraggeber nicht mehr zuzumuten ist.

Der Besteller (Auftraggeber) soll natürlich grundsätzlich die vereinbarte Leistung erhalten. Liegen jedoch besondere Gründe dafür vor, kann der Vertrag aufgelöst und ggf. Schadensersatz durchgesetzt werden.

Hinzu kommen kann, dass der Auftraggeber anstelle des Schadensersatzes den Ersatz seiner Aufwendungen verlangen kann, die er im Vertrauen auf die zu erbringende Leistung gemacht hat (§ 284 BGB).

Schlussrechnung bzw. Schlusszahlung

Die nach baurechtlichen Gesichtspunkten endgültige Abrechnung einer Bauleistung. Denn nach § 16 VOB/B ist nach Erbringung der Leistung oder Lieferung im Umfange des Vertragsgegenstandes die endgültige Vergütung des Auftragnehmers fällig. Vorher hat jedoch die Abnahme der Leistung zu erfolgen. Die Schlusszahlung ist spätestens zwei Monate nach Zugang der Schlussrechnung fällig.

Schuldner, Schuldnerverzeichnis

Schuldner können sowohl natürliche als auch juristische Personen sein und diese schulden einer anderen Person, dem Gläubiger, nach § 241 BGB, eine Leistung.

Das Schuldnerverzeichnis wird beim zuständigen Amtsgericht nach § 915 ZPO geführt und enthält Personen, die bei einer Zwangsvollstreckung eine eidesstattliche Versicherung nach § 807 ZPO abgelegt haben. Auskunft über die Eintragungen in einem Schuldnerverzeichnis erhält jedermann auf Antrag.

Schwarzarbeit

Das Gesetz zur Bekämpfung der Schwarzarbeit in der Fassung der Bekanntmachung vom 29. Januar 1982 ist besonders im Bauwesen relevant, denn Schwarzarbeit ist verboten und wird bei Verstößen mit hohen Geldstrafen geahndet.

Nach § 1 Abs. 1 des Gesetzes ist verboten:
– Das Erbringen von Leistungen von Personen, die Arbeitslosengeld, Arbeitslosenhilfe, Kranken-, Pflege- oder Verletztengeld oder Sozialhilfe beziehen und während des Bezuges der oben genannten Leistungen Einnahmen aus einer selbstständigen oder unselbstständigen Tätigkeit erzielen und dies nicht den Trägern der vorgenannten Sozialleistungen mitteilen.
– Die Wahrnehmung einer selbstständigen gewerblichen Tätigkeit ohne Anmeldung eines Gewerbes.
– Die selbstständige Ausübung einer Handwerkstätigkeit ohne in die Handwerksrolle eingetragen zu sein.

Verträge unter Verstoß gegen das Schwarzarbeitergesetz sind nach § 134 BGB unwirksam, so dass der Auftragnehmer keinen Vergütungsanspruch hat und der Auftraggeber keine Mängelhaftung beanspruchen kann.

Siehe hierzu auch unter Stichwort „Bauabzugsteuer".

Sicherheitsleistung

Diese hat Bedeutung für die Abwendung bestimmter künftiger Rechtsnachteile, denn es besteht für beide Vertragsparteien ein erhebliches Sicherheitsbedürfnis für den Fall, dass eine der Parteien ihren Vertragspflichten nicht nachkommen sollte.

Sicherheitsleistungen können erbracht werden durch Hinterlegung von Geld oder Wertpapieren, Verpfändung von Forderungen oder beweglichen Sachen, Einräumung von Hypotheken oder Erklärung von Bürgen.

Im Baugeschehen ist die Sicherheitsleistung von Auftragnehmern von besonderer praktischer Bedeutung und geregelt in den §§ 14 VOB/A und 17 VOB/B. Der Auftragnehmer kann eine Sicherungsleistung erbringen:
– durch eine selbstschuldnerische Bürgschaft (§ 17, Nr. 4 VOB/B),
– durch Hinterlegung von Bargeld auf ein Konto (§ 17, Nr. 5 VOB/B),
– durch einen Sicherheitseinbehalt des Auftraggebers (§ 17, Nr. 6 VOB/B).

Der Auftraggeber ist verpflichtet, die Sicherheitsleistung nach § 17, Nr. 8 VOB/B zu einem vertraglich vereinbarten Zeitpunkt zurückzugeben, jedoch spätestens nach Ablauf der Gewährleistungsfrist.

Tariftreueerklärung

Um Wettbewerbsverzerrungen durch den Einsatz von Billiglohnarbeitskräften im Baubereich einzuengen, haben einzelne Länder Sonderregelungen für die Vergabe öffentlicher Bauaufträge eingeführt. Von den Bietern wird erwartet, dass sie eine so genannte Tariftreueerklärung abgeben.

In dem für Berlin geltenden Vergabegesetz (VgGBln) vom 9. Juli 1999 ist zum Beispiel folgendes geregelt: „Die Vergabe von Bauleistungen sowie von Dienstleistungen bei Gebäuden und Immobilien soll mit der Auflage erfolgen, dass die Unternehmer ihre Arbeitnehmer bei der Ausführung dieser Leistungen nach den jeweils in Berlin geltenden Entgelttarifen entlohnen und dies auch von ihren Nachauftragnehmern verlangen."

Dieses Vergabegesetz wird jedoch vom Bundesgerichtshof als Diskriminierung angesehen: Die Entscheidung des Bundesverfassungsgerichts wird noch erfolgen.

Der Freistaat Bayern hat ebenfalls eine gesetzliche Grundlage für eine bayerische Tariftreueerklärung geschaffen. Dieses so genannte „Bauaufträgevergabegesetz" ist am 1. Juli 2000 in Kraft getreten.

Zu empfehlen sind Vereinbarungen zwischen den Vertragspartnern zur Einhaltung der tarifvertraglichen und öffentlich-rechtlichen Bestimmungen bei der Ausführung von Bauleistungen. Eine jeweils entsprechende Vereinbarung sollte dann auch zwischen Auftragnehmer und Subunternehmer geschlossen werden.

Versicherung gegen Gewährleistungsmängel

Einige Versicherungsunternehmen bieten auch so genannte „Baugewährleistungsversicherungen" an. Gegenstand der Versicherung sind Ansprüche auf Nachbesserung aus BGB- oder VOB-Verträgen (§ 633 BGB, § 13, Nr. 5 VOB/B) oder auf Minderung (§ 634 BGB, § 13, Nr. 6 VOB/B). Maßgeblich für den Versicherungsschutz ist, dass der Mangel erst nach der Abnahme aufgetreten ist. Er umfasst keine Mängel, die bereits vor der Abnahme bekannt waren, bei denen es der Bauunternehmer schuldhaft unterlassen hat, diese innerhalb einer ihm gesetzten angemessenen Frist zu beseitigen.

Die Versicherungsleistung umfasst grundsätzlich die Kosten, die aufgewendet werden müssen, um den Mangel an der Bauleistung zu beseitigen, wobei die Entschädigungsleistung nach oben begrenzt ist durch die Deckungssumme je Versicherungsfall und die dreifache Maximierung der Deckungssumme pro Versicherungsjahr. An der Entschädigungssumme hat sich der Versicherungsnehmer mit 10 %, mindestens jedoch 2.500 € je Versicherungsfall, selbst zu beteiligen.

Vergütungsverjährung

Die Leistungen eines Bauhandwerkers mit einem Gewerbebetrieb verjähren im Sinne des § 196, Abs. 1, Nr. 1 und Abs. 2 BGB in vier Jahren.

Soweit zwischen Bauunternehmer und Bauherr die VOB vereinbart worden ist, beträgt die Verjährungsfrist für Bauwerke zwei Jahre, während Arbeiten an einem Grundstück und für die vom Feuer berührten Teile von Feuerungsanlagen bereits in einem Jahr verjähren.

Diese kurzen Verjährungsfristen gelten immer dann nicht, wenn der Architekt oder der Unternehmer den aufgetretenen Mangel bei der

Abnahme arglistig verschwiegen hat, hierfür läuft dann eine 30-jährige Verjährungsfrist.

Die Honoraransprüche des Architekten oder des Sonderfachmannes (Ingenieur) verjähren nach § 195, Abs. 1, Nr. 7 BGB in zwei Jahren.

Die Verjährungsfrist beginnt gemäß § 201 BGB am Schluss des Jahres, in dem die Werklohnforderung des Bauunternehmers entsteht.

Es gibt neben den Regelverjährungszeiten eine Vielzahl von Ausnahmen, die besonders im BGB und auch in der VOB dargelegt sind.

Verzugszinsen, gesetzliche und nach VOB

Durch das am 1. Mai 2000 in Kraft getretene Gesetz zur Beschleunigung fälliger Zahlungen (Bundesgesetzblatt Teil I, S. 330 ff.) wurde durch Einfügung eines Abs. 3 bei § 284 BGB nicht nur der Verzugsbegriff für Geldschulden neu definiert, sondern es wurden auch durch eine Änderung des § 288 BGB die gesetzlichen Verzugszinsen bei Geldschulden wesentlich erhöht. Künftig ist die Höhe der Verzugszinsen an die Entwicklung der Marktzinsen angepasst.

Durch die Neuregelung des Verzugs für Geldschulden nach § 284, Abs. 3 BGB kommt der Schuldner 30 Tage nach Fälligkeit und Zugang einer Rechnung in Verzug. Gemäß § 288 BGB ist der neue Verzugszins wie folgt geregelt:

„Eine Geldschuld ist während des Verzugs über das Jahr mit fünf Prozentpunkten über dem Basiszinssatz nach § 1 des Diskontüberleitungsgesetzes vom 9. Juni 1998 (BGBl. I, S. 1242) zu verzinsen. Kann der Gläubiger aus einem anderen Rechtsgrund höhere Zinsen verlangen, so sind diese sofort zu entrichten.

Der Kaufmannszins gemäß § 352 HGB ist dieser neuen gesetzlichen Verzugszinsregelung angepasst, und zwar die Höhe der gesetzlichen Zinsen mit Ausnahme der Verzugszinsen ist bei beiderseitigen Handelsgeschäften 5 v. H. für das Jahr. Das Gleiche gilt, wenn für eine Schuld aus einem solchen Handelsgeschäft Zinsen ohne Bestimmung des Zinsfußes versprochen sind."

Nach dem Gesetz zur Beschleunigung fälliger Zahlungen ist diese neue Regelung seit dem 1. Mai 2000 auch für Geldforderungen anzuwenden, die vor diesem Zeitpunkt entstanden sind. Also auch für Altverträge.

Hervorgehoben ist die Regelung, dass ein Schuldner ohne jede weitere Mahnung automatisch nach Ablauf von 30 Tagen nach Fälligkeit und Rechnungslegung in Zahlungsverzug kommt.

VOB-Vertragsgrundlage

Bei abzuschließenden Bauverträgen nach VOB (Verdingungsordnung für Bauleistungen) sollte schriftlich festgelegt werden: „Als Vertragsgrundlage gilt die VOB in ihrer neuesten Fassung von ......". (Anmerkung: die für die nächsten Jahre gültige Ausgabe trägt die Jahreszahl „2000").

VOB-Verzugszins

Die im Gesetz zur Beschleunigung fälliger Zahlungen vom 1. Mai 2000 festgelegten Fälligkeitsregelungen haben durch ihre Veröffentlichung vom Bundesministerium für Verkehr, Bau- und Wohnungswesen im Bundesanzeiger vom 30. Juni 2000 auch Eingang in die Neufassung 2000 der Verdingungsordnung für Bauleistungen – VOB/Teile A und B – gefunden.

Nach wie vor sind Abschlagszahlungen binnen 18 Werktage nach Zugang der Aufstellung gemäß § 16, Nr. 1, Abs. 3 VOB/B zu leisten. Schlusszahlungen sind nach Prüfung und Feststellung der Schlussrechnung durch den Auftraggeber spätestens innerhalb von zwei Monaten nach Zugang (§ 16, Nr. 3, Abs. 1 VOB/B) zu leisten.

Der neue VOB-Zinssatz beträgt 5 % über dem Zinssatz der Europäischen Zentralbank für Kredite.

Der § 16, Nr. 5, Abs. 3 VOB/B hat folgende Fassung:
„Zahlt der Auftraggeber bei Fälligkeit nicht, so kann ihm der Auftragnehmer eine angemessene Nachfrist setzen. Zahlt er auch innerhalb der Nachfrist nicht, so hat der Auftragnehmer vom Ende der Nachfrist an Anspruch auf Zinsen in Höhe von 1 v. H. über dem Zinssatz der Europäischen Zentralbank, wenn er nicht einen höheren Verzugsschaden nachweist. Außerdem darf er die Arbeiten bis zur Zahlung einstellen."

Nach herrschender Meinung sind diese Regelungen dispositiv, so dass auch Individualvereinbarungen getroffen werden können.
Neben den Regelungen aus dem Gesetz zur Beschleunigung der Bezahlung von Bauleistungen und der Erhöhung der gesetzlichen Verzugszinsen durch Neufassung des § 288 Abs. 1 Satz 1 BGB besteht auch Anspruch auf Abschlagszahlungen bei BGB-Bauverträgen durch Einführung eines § 632 a.

Bei unwesentlichen Mängeln ist keine Möglichkeit zur Abnahmeverweigerung gegeben.

Vorauszahlung   Siehe unter „Abschlagszahlung".

Zeitvertrag   Bei einem Zeitvertrag ist der Unternehmer verpflichtet, anfallende Bau- und Erhaltungsarbeiten auf Abruf durchzuführen. Die häufigste Form des Zeitvertrages sind Instandsetzungsarbeiten im Rahmen einer im Vertrag bestimmten Zeitdauer und eines geschätzten Leistungsumfanges.

Zusätzliche Leistungen   Im § 2, Nr. 6 VOB/B sind die im Vertrag nicht vorgesehenen Leistungen gesondert zu vergüten. Vor Ausführung der Leistung hat der Bauunternehmer die Vergütungsforderung anzukündigen. Dies ist eine Anspruchsvoraussetzung für eine Vertragsergänzung.

Zuschlag   Der Zuschlag ist im Baurecht die Annahme eines Bewerberangebotes durch den Auftraggeber. Das Verfahren ist in § 28 VOB/A besonders hervorgehoben. Die Zuschlagserteilung soll vor Ablauf der im § 19 VOB/A geregelten Zuschlagsfrist erfolgen.

Stichwortverzeichnis

Abbruch 103
Abgaben 59, 104
Abgabenordnung 77, 104
Abnahme 34, 51, 104
Abnahmeniederschrift 106
Abrechnung 106
Abschlagszahlung 40, 106
Abstandsflächen 107
AGB-Gesetz 37, 108
Allgemeine Geschäfts-
  bedingungen 37, 108
Allgemeine Regeln 107
Angebot 90, 92, 109
Arbeitsgemeinschaft 25, 31, 110
Arbeitsvorbereitung 28
Architekt 110
ARGE 25, 31, 110
Aufhebung Bauvertrag 111
Aufmaß 52, 112
Aufrechnung 112
Auftraggeber 112
Auftragsbestätigung 95
Auftragsentzug 112
Auftragserteilung 93
Ausführung von
  Bauleistungen 108
Auslegungszweifel 39
Ausschreibung 113

BGB-Vertrag 87
Bauablauf 45
Bauabnahme 114
Bauabzugsteuer 114
Bauantrag 23, 116
Bauarbeiten 117
Bauaufsichtsbehörde 21, 117
Baubeginn 22, 33, 117
Baubehinderungsanzeige 117
Baubeseitigung 24

Baubetreuung 30, 118
Baubuch 118
Baueinstellung 24
Bauflächen 23, 118
Baufreiheit 118
Baugenehmigung 21, 119
Bauhandwerker-
  sicherungsgesetz 120
Bauhauptgewerbe 121
Bauherr 30
Baukosten 121
Bauleistungen 26, 117, 122
Baumängel 49, 122
Bauordnungsrecht 123
Bauplanungsrecht 123
Baurecht 123
Baustelle 29, 123
Bausummen-
  überschreitung 124
Bautagebuch 124
Bauträger 30
Bauüberwachung 125
Bauvertrag 24, 83, 87, 111, 125
Bauvoranfrage 126
Bauzeitenplan 28, 45, 126
Bebauungsplan 21, 126
Berufsgenossenschaft 17
Bestandspläne 127
Bestandsschutz 127
Betriebseinnahmen 65
Beurkundung 127
Beweissicherungs-
  verfahren 128
Bilanzierung 61, 63, 64
Bindefrist 128
Bodenverhältnisse 128
Buchführung 59, 129
Buchführungspflicht 62
Bürgschaft 58

Dachgeschossausbau 129
Darlehen 129
Denkmalschutz 130
DIN-Vorschriften 26, 130
Eigenleistungen 131
Eignungsnachweis 20, 131
Einbehalt 57, 131
Einheitspreis 132
Einheitspreisvertrag 42
Einkommensteuer 66, 133
Einspruch 78
Einzelunternehmer 10, 59, 133
Entgangener Gewinn 133
Erbschaftssteuer 70
Erschließung 133

Fälligkeit 53, 56, 133
Fertigstellungs-
  bescheinigung 96, 99, 134
Festpreis 42, 136
Finanzamt 17
Finanzierungshilfen 79
Flächennutzungsplan 136
Formularverträge 136
Freistellungs-
  bescheinigung 137

Garantie 137
GbR 13
Gefahrtragung 137
Genehmigungsplanung 137
Genehmigungsverfahren 21
Generalübernehmer 31, 137
Generalunternehmer 30, 137
Geschäftsbilanz 63
Geschossflächenzahl 138
Gesellschaft bürgerlichen
  Rechts 13, 138
Gewährleistungsmängel,
  Versicherung 160
Gewährleistungspflicht 140
Gewährleistungs-
  rechte 40, 49, 140
Gewerbeanmeldung 15, 20, 81

Gewerbeanzeigen 16
Gewerbeerlaubnis 12, 17
Gewerbeordnung 13, 15
Gewerbesteuer 72
Gewinn- und Verlust-
  rechnung 64
Gewinnermittlung 61, 133
Gleitklausel 141
GmbH 13, 141
Gründung 12, 79
Grundbuch 142
Grundflächenzahl 142
Grundfreibetrag 68
Gutachterbeauftragung 98
Gutachterbestimmung 96
Handelsgesetzbuch 11
Handwerksordnung 13, 14, 142
Handwerksrolle 14, 17
HOAI 141
Höhere Gewalt 143
Honorarordnung 141

Instandhaltung 144
Instandsetzung 144
Interessengemeinschaft 144

Kalkulation 29, 144
Kapazität 145
Kapitalgesellschaft 61, 145
Kaufvertrag 145
Kaution 146
Körperschaftssteuer 71
Konkurs 146
Kosten eines
  Unternehmens 147
Kostenschätzung 147
Kündigung 41, 148
Kurzarbeit 149

Leistungen zusätzlich 163
Leistungsbeschreibung 150
Leistungsfähigkeit 151
Leistungspflichten 45
Leistungsverweigerung 49, 151

Leistungsverzeichnis 43
Lohnsteuer 69

Mängel 41, 48, 49
Mängelansprüche 40
Mängelanzeige 151
Mängelbeseitigung 50
Mahnung 101
Meisterprüfung 18
Minderung 152
Mithaftung 49
Mustertexte 81
Musterverträge 37, 81

Nachbesserung 50, 152
Nachfrist 152
Nachtragsvereinbarung 153
Nutzungsänderung 153
Nutzungsuntersagung 24, 153

Pauschalpreis 153
Personengesellschaft 60
Pflichtverletzung 154
Planfeststellungsverfahren 154
Preisänderung 155
Preisgleitklausel 155
Produzentenhaftung 155
Prüfungspflicht 48

Rechnung, prüfbar 55, 156
Rechtsform 12
Regeln der Technik 46
Registergericht 17

Sachverständiger 157
Schadenersatz 33, 157
Schenkungssteuer 70
Schlussrechnung 35, 158
Schlussvergütung 54
Schlusszahlung 35, 52, 158
Schuldner 158
Schwarzarbeit 38, 158
Selbstkostenerstattung 43
Sicherheitsleistung 57, 159

Sperrkonto 58
Steuerarten 66
Steuererklärung 77
Steuerfestsetzung 78
Steuerklassen 71
Steuerzahlung 79
Stundenlohnvertrag 43
Subunternehmer 31

Tariftreueerklärung 159

Umsatzsteuer 74, 75
Ungültigkeit Bauverträge 38
Unternehmenskosten 147
Unternehmerverträge 31

Verdingungsordnung 27
Vergabe von Bauleistungen 108
Vergütung Auftragnehmer 52
Vergütungsanspruch 39
Vergütungsverjährung 160
Verlustausgleich 68
Versicherung Gewähr-
   leistung 160
Verträge mündlich 39
Vertragsverletzung
   positiv 154
Verweigerung 51
Verzugszinsen 161, 162
VOB(2000) 27, 31
VOB-Geltung 32
VOB-Vertrag 83, 162
VOB-Verzugszins 162
Vorauszahlung 163
Vorbehalt 57
Vorbescheid 23

Wirksamkeit Bauverträge 38

Zahlungsbeschleunigung
   (Gesetz) 139
Zeitvertrag 163
Zusätzliche Leistungen 163
Zuschlag 163

Bücher, in denen guter Rat nicht teuer ist:

Weitere Beispiele aus unserem Buchprogramm

Ausführlich informiert über diese und weitere Bücher unser Gesamtverzeichnis „Planen, Bauen, Wohnen".

ISBN 3-89367-614-7

ISBN 3-89367-041-6

ISBN 3-89367-084-X

Blottner Verlage
65232 Taunusstein
www.blottner.de

ISBN 3-89367-092-0

Bücher, in denen guter Rat zu Hause ist:

ISBN 3-89367-085-8

Jedes Buch mit umfassenden Fachinformationen und vielen farbigen Abbildungen. Großformat. Fester Einband.

ISBN 3-89367-073-4

ISBN 3-89367-619-8

Blottner Verlage

65232 Taunusstein

www.blottner.de

ISBN 3-89367-628-7